The Children of Now

他們天賦異秉 我們該如何接待他們？

來自宇宙的新小孩

聲明

本書作者相信，書中描寫的特殊兒童所展現的許多特徵，可經由她的理論與範例而得到最佳的詮釋和了解。然而，並非所有的症狀或言行表現都可由同一原因來解釋，因此作者與出版社不會以任何方式，勸告任何人去採用或拒絕本書中的任何一種治療，包括醫藥與其他方式。在家長與監護人做出任何可能會影響到他們孩童的健康與全面的福祉之前，應該盡可能地取得豐富的資訊，更明智的做法是，隨時諮詢醫療保健方面的專業人士。作者及出版社對本書內容概不提供任何明示或暗示的擔保。

獻給我世界中的光明——哈莉、賈許與戴文，
以及所有帶著神奇力量，來到現在和未來的孩子們。
還有，也獻給我的大衛。

致謝

在為撰寫本書做準備時，我曾請教並訪問了許多家庭、孩童、老師、照護者、醫療專業人員及其他許多人，我無法一一說出他們的名字表達謝意。許多人透過電子郵件或現身說法提供了他們的親身故事，以確定我接收到了他們所提供的內容。如果要把我對你們的感謝一一指名道出，我想那反而是一種傷害；而且也肯定會有掛萬漏一的遺憾。我的感動筆墨難以形容，對於你們能直言不諱地跟我分享，你們的貢獻造就了我的專業，還有你們幾乎毫無二致地以慈愛來栽培遠從宇宙而來的新小孩。為了這所有一切，我真心誠意地向你們道謝。

我特別感激每一個前來向我求助的孩子，有些孩子遠自蒼穹之外而來，而後終於能在此現實位面（plane of reality）[1]與我聯繫。我熱切期望，本書能幫助你們擁有一個比較輕鬆的生命，並在你們變成我們的未來時，能獲得各方的支持與大量的栽培。當你們帶著天賦能力來到那些能傾聽的人面前，甚至那些聽不懂的人面前時，你們都如實陳述。你們是如此美麗，而我深愛著你們每一個。你們都是我心中無價的珍寶。和你們一起工作，一直是一項殊榮、一種榮譽，以及一段愉快的經驗。

特別要感謝的是我的小可愛哈莉，妳於一九九九年睜大眼睛降生在這個世界。妳是如此溫柔但堅決地啟發每個人，讓他們藉著妳的視野，看到天使、心靈感應的對話、能量的控制與移動，並感受與比較水晶的振動，以及看到別人內心真實的能力——即使當妳周遭的人都否認時。那是妳內心的「老奶奶」所建立的知覺，使得這本書更為生動。我是這麼愛妳。

同樣地，我也要感謝我的公關麥姬．賈舒柏（Maggie Jessup）。麥姬，我愛妳堅決、絕不妥協的作風，而我也愛妳想盡辦法要得到肯定答案的積極！非常感謝妳持續不停地努力，將這本作品推向全世界。

我要感謝我在「水岸製作」（Waterside Productions）的經紀人比爾．葛雷德史東（Bill Gladstone）與明（Ming），非常感謝你們對我作品的信心，更感謝你們將這本書打入主流市場，由此幫助了更多人。

還要謝謝我的出版商麥可．皮（Michael Pye）與可瑞爾出版社（Career Press），感謝你們相信這本書並將之付梓。此一訊息將會以一種我們永遠無法得知的方式，如漣漪般地向外傳播到世界各地。此時正是時候！

我要將最後但毫不稍減的謝意，獻給我的丈夫大衛，因為他深切了解我這一生的使命比我們兩個人更為重要，每一次我走向世界，你都會感謝我「幫助了那些人」。你的寬容大度是無價的，謝謝你，我的愛。

注釋

① Plane of reality，意指我們所存在的這個現實位面。位面（PLANES）用來解釋多元宇宙的存在，每個位面都有各自的位面特性，存在的諸位面是多種不同世界的集合，這些世界之間有著錯綜複雜的聯繫。除很少幾個連接點以外，每個位面事實上都是一個獨立的宇宙，有它自己的自然法則。

目次

前言

親愛的朋友：

當你在閱讀這本令人睜大眼睛、心跳加速的書時，試問你自己下面這個問題：「我要如何來祝福這些『新小孩』（New Children），支持他們這一生由上帝所賦予的任務，並且引以為榮？」

既然我們這個社團旨在喚醒愈來愈多需要精神指引的孩子，這將是一個持續的問題。本書將以善意與微妙的方式來幫助你們每個人，如此你們便能和緩地引導這些新小孩，並以他們為榮。

當我們一路走來，自信滿滿地以為對內心世界的探索有深刻的了解時，誰會想到我們還需要指引？雖然我的心靈探索之旅，自追隨耶穌至遨遊亞特蘭提斯①無所不包，看似無所不知，但同時也是天真而無知。

你瞧，我們這些「水晶小孩」（Crystalline Children）與「星星小孩」（Star Children）看起來也許無所不能，但我們要求全世界都能靜心傾聽，了解我們的意圖，並且有最好的改變。

在我個人的經驗中，當我覺得有人深深聽進我的話時，我全身的每個細胞會感到一陣放鬆。這樣的放鬆，最令人吃驚的效果是帶來改變。我已從自己的生命中知道，雖然生為宇宙之子，但卻身陷在一個有自己想法的獨特身體中，而我所能感受到的最大激勵，就是來自深入傾聽後的放鬆。

因此，當全世界將注意力放在世紀變動之際，要讚美我們全能的上帝，祂賜給我們令人驚奇的純真與天賦。當全世界都能廣為注意後，本書將會成為一個可以讓我們這些水晶小孩更為自在的寶貴工具。我相信梅格．布萊克本．洛塞（Meg Blackburn Losey）博士的作風、口才以及激勵人心的能力，足以將此一影響深遠的訊息提供給所有能接收到的人。

在本書中，梅格．布萊克本．洛塞博士針對學校、營養與環境等支持我們的一些刺激性議題，一一提出了她思慮縝密、用心規劃且令人窩心的建議。當你們翻閱本書時，可以學會如何來支持這些充滿靈性、具核心地位但嬌弱的生命。在發自內心地學習如何以最好的方式來支持這些「新小孩」時，你也會在自己的心靈旅程中逐漸覺醒。

難道你們現在還不明白，我們是為了全世界才來到這裡，而不是為了自己的目的嗎？當我們為了拯救地球，需要大量的純愛心靈感受來與地球共鳴時，此一覺醒是必要的。我們這些新小孩，正是為了要在此變動中協助你們而來。

最後，經由這本書，你們也會漸漸知道有一個統合萬物的力量，那就是「愛」。「愛」是新小孩的聲音，深刻地傾聽他們所有的信息，那我們就做到了在上帝賦予他們的一生使命上，以自己的方法祝福、支持他們，並以他們為榮。

帶來光明與愛的使者

尼可拉斯．M．史邊士（Nicholas M. Tschense），九歲

注釋

① 亞特蘭提斯（Atlantis）是傳說中具有高度文明發展的古老大陸。雖眾說鑿鑿，但仍缺乏能夠證實其存在並廣被世人承認的證據。最早的相關描述出現在古希臘哲學家柏拉圖的文章，據他所言，亞特蘭提斯在距他九千年前已毀於一場自然災難。

導論

我記得「家」是什麼樣子，它和這裡很不一樣，所有一切都很漂亮。我愛每個人，他們也同樣愛我。為什麼在這裡我都感受不到？

——安德魯，四歲

誰是「新小孩」？

誰是「新小孩」？他們是新一代的孩子，不可否認地，他們的進化程度超越了先前的幾個世代，他們帶著十分特殊的天賦，來到我們的世界。他們之中有許多人記得在來到地球前身處何處，甚至常常記得自己的前世。這些新小孩分成幾種明顯的類型，據我的研究顯示，其中有些類型的特徵部分重疊，因此，幾乎不可能將這些令人吃驚的人類分門別類，放進一個個整齊的小盒子裡。

這些小孩並非全部是「靛藍小孩」（Indigos）[1]！靛藍小孩是打破常規的小子，他們是那種天生就知道我們的世界出了某些差錯的人，而社會的規則總是無法顧及到特例或任何特定環境中的個人。經由建立的知覺（awareness），靛藍小孩已經為我們認識及培養繼起的世代打開了大門。對於這些神奇的靛藍小孩，已經有太多的書籍、論文、網站及電影提供許多可用的資訊。

本書的焦點要放在那些通常年紀更小，且發展更超越靛藍小孩的孩子身上。他們是「水晶小孩」（Crystalline Children）、「星星小孩」（Star Kids）、「地球天使」（Earth Angel），以及夾在中間的「過渡孩童」（Transitional Children）。每個群體都展現了驚人的天賦，並依然保有其特質。過渡孩童雖然不完全適用於其中任何一個類別，但也是特別且令人感到驚奇的。

對於這些極其與眾不同且出色的孩童，他們所顯示的現象，除了口頭傳述外，並無太多可取用的公開資訊，其原因就和大部分超自然的主題尚未完全為大眾所接受的理由一樣，純能量的現象很難以合乎科學的方式記錄下來，並予以證明。我們的科技還沒有足夠的能力去測量細微的能量場，或這些新小孩與生俱有的極高頻生物物理能量場。我們都知道，從科學或醫學的觀點來看，如果某件事情無法量化就意味著它不存在嗎？當然不是！

對形而上學的研究，就像研究所有科學無法測量的事情。至於這些孩童，有太多無法讓人忽視的巧合，全球有太多看似毫無關聯的家庭、照護者、老師與孩童經歷了同樣的事，讓我們不能再忽視此一主題。

本書是有關那些尚無法測量，卻在我們的世界中每天都在發生的事情。

能量場與宇宙萬物進行交流

世上有許多超出多數人所認知的更重要現實（reality）[②]存在。在宇宙萬物之中，有無窮無盡的維度（次元），而這些維度正是建構「一」（the One，即指上帝、聖靈或造物主）的部分。在所有這些現實中，又存在著無限的可能。對我們大部分人來說，關於其他「界」（realm）的概念非常真實，至少在上帝所存在的「界」是如此。此外，我也經常對一般人輕易就相信一個至高無上的神或造物主，卻不能理解他們自己也是這一「界」中重要且不可或缺的一部分而驚訝不已。我們無法相信，此時此刻在我們現在這個世界之外還有多個其他世界，而且我們存在的每個當下都受到它們的影響。

事實上，對許多人來說，三維之外還有其他實體存在的想法相當嚇人。我試著盡我所能，拓展讀者對於此一現實的體認，並分享超越我們所見、所感、所聽、所觸、所聞或感知範圍之外的現實，而這些現實在所有的層面上都與我們息息相關。從這些可供選擇的現實當中，「新小孩」為我們帶來了人類經由自身存在而一直在追尋的東西，即我們自身的神性。

我們是由一層又一層的細微能量所構成，而該能量與所有其他各層面的現實進行向內、向外且無窮無盡的交流。在此所描述的這些能量場（energy field）形式並非出自於想像，我的超感覺天賦帶我進入了多維度的空間及更深遠之處，在那裡，我可以看見、觸摸、品味、嗅聞及聽到這些能量層。

我們的形體不過是廣大現實的一小部分，而大部分客觀存在的現實，以我們的五感[③]，或甚至以天生的直覺（我們的「第六感」）都無法接近。當我們經歷體悟過其他界的現實後，我們便會朝向多維知覺（multidimensional awareness）[④]的第七感邁進。在第七感中，有三個基本的知覺層次：（一）啟蒙：在此我們開始覺知到其他的現實；（二）溝通：此時我們開始刻意地與超越本身所在現實的其他現實互動；（三）提升：此時我們可以有意地與本源──「一」，重新融合。

我們的能量系統不僅止於身體上的幾個脈輪[⑤]或能量點，還包括體內、身體周遭好幾層（事實上是無窮的）的能量。當我們在體驗生命時，由於能量場不斷地與宇宙萬物交流，而它們同時也來和我們溝通，我們的能量場會隨之變化。能量場支配著我們的感情、精神、物質、肉體，甚至直覺的體驗，在任何特定的時刻，我們都和即使是片刻之前的自己有所不同，因為在此體驗的過程中，我們的能量場改變了。因此，我們每個人都是獨一無二的，從一開始，我們就是我們一切經驗的極致，我們是自己所曾經歷過的一切。

我們也是由一組組「諧波頻率」（harmonic frequency）所創造，就能量表現的形式而言，我們很像是由一組巨大且複雜精細的音樂和絃所構成，而每一現實位面就是這組和絃中的一個音符。我們的諧波頻率支配了我們在三維現實的存在，它們也同時指揮著我們在地球的經驗、我們的命運旅程（那些是我們想要學習的課程），以及我們所做的選擇。為了因應我們的生活、環境與世界，事實上是因應宇宙萬物，我們的能量系統不停地向前進化。

靛藍小孩之所以會得到如此的稱呼，是因為他們內在的能量場普遍散發出深藍色。總之，本書中的這些小朋友其能量場進化的程度，遠超過靛藍小孩與先前的世代。「新小孩」存在於現存的各種強勢微妙能量中，這些能量帶給這些孩童無限的知覺、天賦及感覺（或「知曉」）能力，而這些能力遠超過我們過去一向所認為的「正常」範疇。不僅「新小孩」的洞察力與天賦讓人驚奇，有時甚至他們的殘障也同樣讓人吃驚。

身為人類，我們從先人的典範中學習，因此「標新立異」是令人不安且應該盡量避免的。我們一直被教導，當每個人都被分配到與之相稱的那些美好又整齊的分類盒中，且在外表與行為上也與大家一致時，我們就會感到安心。這些時代已經結束了。「新小孩」是人類演化過程中令人興奮的一躍。

受到忽略的新小孩

然而，仍有無數的「新小孩」持續受到忽視。雖然我們社會傾向於分類與歸類，但這些令人驚奇的孩子至今仍無適合的參數，因為他們抗拒、衝擊這種具限制性與約束性的分類。「新小孩」與生俱來的天賦，並未得到他們所需要的任何鼓勵或培育，因此，他們在生活各方面都出現了問題。這些天賦特殊的小朋友中，許多人受到各種不同性質的疏忽，其中之一，就只是因為父母或看護者對這些小孩真正的天性與不同根源的無知所造成。

這通常是無心之錯，這些孩子看起來就跟其他人無異，但他們的內心卻與其他孩子大不相同，他們知道大部分人連想都沒想過的事情（而這些事情卻可能是他們內心深刻的感受）。身為人類，我們常常害怕自己不了解的東西，對許多人來說，宗教信仰、歷史紀錄與社會規範都一再指出，任何與眾不同的人或事，都必須予以忽略、加以控制或隱藏起來。對於「新小孩」，如果我們不承認他們，對自己與世界都將會是一種傷害！

在先前的幾個世代中，當我們出生的那一天，很快就忘記了自己的來源，也忘記了自己的天賦、源頭與完美狀態。「新小孩」不同，他們不僅記住許多我們已經遺忘的事，並使之具體呈現。我無意明確區分這些孩童，更確切地說，我比較想要探討「新小孩」的現象，並述說他們的故事，這是因為此一現象提供了我們的世界有朝向正面改變的可能性。這些小孩有許多情況相似，他們還可建立共通性的過渡性能量，因此我由衷請求讀者能夠寬容看待此處對這些年歲相近的群體所列舉的一些特徵。沒有兩個孩童完全相同，但他們可擁有共同的特徵，而天賦資質的層次則因每個孩子而異。

以開放的心胸來閱讀本書

本書中所包含的資訊，許多人可能會覺得很新奇。這些故事中，有些描寫的現實層面極可能會挑戰邏輯，甚至公然與邏輯唱反調。其中有些或許看來奇怪，其實卻非常真實。我在每一部分都引用了各種例子，有些例子十分極端，有些則否。這是我特意安排的，因為就如同能量與意識，我們全都分享相同的特性，但每個人同時也攜帶著不少自己所獨有的特點。

想當然見，本書某些故事會讓你半信半疑，甚至大呼不可思議，其中有些顯然會超出你對現實的認知能力。依我謙卑所見，這是件好事！在我未遇到這些情況且親身領略其中滋味之前，我根本就不相信本書字裡行間的這些想法和事件。面對生命中的某些課題時，有時就真的只是放下成見，並專注於事實的真相，而非一味執著於我們所想要的樣子。

在每天的現實生活中，我們的「安全區」（safe zone）一旦受到挑戰，我們大都傾向於反擊及封閉理智，因為未知的事物可能很嚇人。我建議你以開放的心胸與理智，並以擴展個人認知的目標來閱讀本書所要傳達的資訊。如果不強迫自己面對更高智慧與知識的挑戰，我們便無法成長。再者，我還要提醒你的是，並不是每個孩子都擁有本書所討論到的特徵；就如同生物學上的演化，直到新的特徵自然而然地普遍出現在大眾身上之前，仍會有進展不一的情況發生。

在我看來，不管對象是成人與兒童，在我們對各種不同的行為模式下定義並進而了解時，經常會貼上不適當的標籤。其中許多標籤不僅不正確，長期下來還會造成極大的傷害。目前，有不少孩童被醫生診斷出患有如「注意力缺失症」（ＡＤＤ）或「注意力缺失過動症」（ＡＤＨＤ，俗稱過動兒）等病症，這些標籤已經成為那些不適用於標準規範的小孩的「萬靈丹」。更糟糕的是，經由這些診斷所開出的處方是將孩童的知覺鈍化，從而建立一個令其他人安心的現況。不過，他們真的能安心嗎？

總之，這些孩童帶給我們這世界極為不同的現實，可能會令人倍感威脅，但這只是因為我們沒有經驗才會覺得手足無措。在我看來，「正常」是一種認知，而這種認知只是我們日常生活幻覺中的一部分，要將此認知從幻覺中移除，我們必須有所改變！我無意創造更多的標籤，相反地，我的目標是去解釋一個非常真實的現象。與其到處亂貼標籤，不如讓我們擁抱「新小孩」以知識、智慧與治療等形式帶到我們這個世界所表現出來的差異與無限天賦，即使他們的記憶來源遠遠超乎我們的日常現實生活之外。

發掘、認識新小孩

本書是還在進行的一份研究的概要。我是個作者，並以直覺療法在國際間執行醫療業務。我四處旅行、演講、出席研討會，並協助進行私人的治療療程。在執業過程中，我遇到一個又一個擁有令人驚奇天賦的孩子，只是他們不但未被發掘，還被父母、教師和其他的照護者扼殺其才華，這些人無法覺知他們的孩童與眾不同的重要性。許多這樣的兒童因而生病或做出讓人無法接受的行為，而有些充滿知性、靈性，甚至在情緒上都勝人一籌的小孩，同樣也飽受無所歸屬之苦。他們來自於一個今天大多數人都還茫然不識的「參考系」（frame of reference）[6]，因此，許多這樣的孩童至今依然默默無聞，甚至被視為不正常或不敢公開承認。

我曾遇到當中一些最令人驚豔的孩童，並以療程幫助他們。他們每次都引領我來到前所未見且迷人的現實高峰，他們最近所交流的主題，在我聽來就像是某種科幻片的內容。事實上，與這些孩童的互動，帶領我來到遠超出自己所能想像的範圍。我可以保證，我的想像力尚未好到能編造出這些我即將告訴你們的故事！我們經常會不由自主地以過時的老舊規範來觀察「新小孩」，有句老生常談的話：「期望創造現實」，而我正努力闡明「新小孩」的意義，以對抗這樣的傾向，讓這些珍貴小孩不僅能被注意到，還能獲得正確的培養、發展及種種榮譽。

我第一次有意識地覺知到一名水晶小孩，是一九九九年我孫女出生那天。她在備受期待的情況下來到這個世界，她在出生後便立刻安靜地觀察身邊的一切。後來，當她躺在我的膝上時，她嘗試提高她的意識，努力與新肉體的限制搏鬥，想掙脫出身體，我看得出來她想要自己站起來。在她的藍色眼睛中，眼神十分專注，但是她依然受困在小小的身軀裡面。我記得我笑了起來，並問她是否想要落跑。我當時根本不知道她可能正在將意識投射於想去的地方，而且還試圖帶著新身體一起去！那只是開始而已。就天賦而言，我知道我的孫女並不孤單，還有其他人和她一樣。此一體悟帶領我超越好奇的層次，進入未知的現實領域。

每個孩子、每種狀況都不一樣，本書所彙整的資訊，是從治療過程、個人訪談與專業人士所提供的個案蒐集而來的第一手資料。本書將要討論的範疇，坊間的相關書籍並不多，我將適用的內容援引為參考。還有一些很棒的網站，提供有關「新小孩」的資訊，我在本書最後會一併附上，讓有心的讀者能更進一步地探索這個主題。我要強調的是，這些名單並非推薦，只是一些看來能為這些孩童提供幫助的其他途徑，以及現有的相關資訊。

我最想要達到的目標，就是本書能引起父母、教師、照護人員、教育界人士，甚至醫療機構的覺知，並成為一個支持的媒介。總之，主要的目的還是為了那些尚未得其所需的「新小孩」。許多這樣的孩童只是因為他們的需求未被認知，而承受了不必要的痛苦及折磨，有些家庭單純就是對他們孩子所展現的天賦才能感到害怕，他們害怕當孩子長大成人後，會帶來另外一堆問題。當這樣的差異感產生時，知道並非只有自己在孤軍奮鬥總是好事。

為了那些尚未曝光的家庭和孩子的權益著想，以及不違反適用於顧問與被諮商對象之間的保密條款，除了寫那篇美好〈前言〉的尼可拉斯及我會在稍後談到的洛琳（Lorrin）、約翰．艾芙瑞特（John Everett）、彼得（Peter）、克莉絲汀娜（Christina）等孩子之外，本書提到的所有孩童我全用假名。當然，並非所有具此天賦的孩童都符合本書所描寫的樣子，但如果你們知道有多少人符合後，可能會大吃一驚！

我很期盼閱讀此書的所有讀者都能帶走某些新訊息、些許的好奇，或甚至一些不同的意見，這些以後都會被用來協助尚未被發掘的孩子。

與新小孩相遇

在本書每章的開頭與其他地方，我會放進一些直接引述自某些我後來所接觸孩童的話語。他們訊息中所透露的純真，屢屢令我感動到說不出話來。這些話就像是上帝、造物主與聖靈以許多種方式直接透過這些孩童的嘴巴說出來，而他們記得。

當「新小孩」受到栽培，且其天賦受到鼓勵時，他們會不斷記起一路走來令人驚奇的觀察與天賦，並與他人分享。令人遺憾的是，在我的經驗中，許多這樣的孩子因為揭發令人震驚的事情而被拒絕承認。這些孩童對於自己的所見所聞十分坦白，但由於天賦能力未受到支持，他們很快就會開始忘記當初來到地球時就已知道的事，到最後便停止使用其天賦才能。

例如，一個我從她出生不久就認識的金髮藍眼女孩，自從她能開口說話（她還很小的時候）開始，就令每個見到她的人感到驚喜連連。在我寫這本書時，她年約四歲，我喊她為「天空」。天空的個頭很嬌小，擁有令人喜愛的性格，所到之處都會引來人群，就像是塊具有磁力的磁鐵。直到不久以前，每當有人圍繞在她身旁時，她都會描述有關生命、真理與其他超脫凡俗的話題，她的智慧遠遠超越了年齡。她比大部分同齡的孩童更有教養，肢體運作上也更為協調。後來，天空變得很害羞，並漸漸不再公開與人分享她深刻的洞察力，她再也不是當初那個興高采烈的孩子了。當她被問起為何要保持沉默時，她的回答是：「我說話時，他們老是嘲笑我，傷害了我的感情。我不喜歡被嘲笑，所以我不想再和他們說話了。」

天空的父母對她的天賦引以為榮，甚至加以鼓勵，但一般人卻把她當成某種奇觀，甚至是某種新奇的事物看待，所以她關閉了溝通的大門。這對我們所有人來說是多麼大的損失啊！

不幸地，像這樣的狀況並非特例。如果這些小孩沒有接受適當培育，或沒有受到承認或受到應得的鼓勵，到了五、六歲時，他們就會在自己的周遭設置自我保護的能量牆，阻絕資訊流入。很快地，他們優越知覺的大部分跡象就會逐漸消退，通往更高層面意識的門戶會漸漸關閉，而且會遺忘所有的一切。孩子們對於「與眾不同」非常敏感，這對我們這些自詡為「已開化」、「文明的」人們來說，是個多麼令人傷心的陳述。如何建立一個更積極更正面的世界，關鍵方法正以我們未來世代的形式出現，但我們甚至無法辨認出來。「新小孩」為我們帶來了解開生命之謎與其他祕密的鎖鑰，但我們卻將門戶封了起來。我們到底在想什麼？

幾個世代以來，我們教導小孩子應該少說多聽；但現在情形已不同以往了，我們必須傾聽孩子們怎麼說。在我們演化成為人類的軌道上，「新小孩」是進入更高意識的橋樑，而且甚至可能是地球的未來。我們要如何認出他們？我們會傾聽他們所說的話嗎？當我們知道這些孩子可以帶領我們遠遠超越對當下現實的感知，進入令人興奮的知覺領域與種種可能性時，我們是否能接受此一跳躍式的想法？身為老師、照護者或家人的我們，要關注這些孩童並挺身而出，代表他們採取行動。我們必須揚棄陳見，打開我們的心房、頭腦與靈魂，迎接「新小孩」要跟我們分享的種種可能性。

新小孩的任務

擺在我們面前的機會，在人類歷史中前所未見，也從來未曾經歷過。在我看來，面對任何狀況的解決之道，「知覺」就佔了八成左右。要獲得這樣的知覺，我們首先必須接受現實中有超過我們目前所知與所接受事實的可能性。此一現象跨越所有的種族與宗教界線，而且，事實上還跨越了所有重要的信仰體系與社會規範。正如尼可拉斯在本書〈前言〉中所力陳的，我們必須深入傾聽這些孩童，並且必須願意敞開心胸面對他們所傳遞的訊息。

當我們誠實地環顧現在的世界，就會開始了解，人類所居住的星球正在逐漸走向毀滅。我們已忘了在日常生活以外還存在著美好的事物，也忘了去注意我們生命中每一刻的完美；我們不停對外尋求舒適與需索，常常期盼某人會負責提供自己所需的一切。我們通常都會覺得很空虛，每天都努力想要填滿它；但我們忘了自身其實已然完滿，本性所沒有的東西根本不必要也不需要。這些孩童記得此事，於是前來提醒我們，我們是遠比每天所經歷的幻覺，即一般所謂的「現實」，來得更偉大的人類。

「新小孩」為我們的世界帶來顯著演進的可能性，他們有使命在身，有一個宏大的目標，並且需要我們的幫助。他們的天賦啟發我們，而其智慧則提醒我們已然遺忘的時光與話語。「新小孩」的任務，不僅是要以他們發自秉性的善良與對真理的了解來教導我們更重要的現實，他們也是我們這個世界的未來。事實上，如果我們能正視及關注「新小孩」，人類的未來便可從目前自我毀滅的道路改變方向，步向更為提升、更為正面的現實——一個更為全球性的現實，並為每個人提供了最高的利益。

本書中閃閃發亮的明星，在很多方面都令人嘖嘖稱奇。他們抗拒所有加諸於行為與肉體的限制，跨越社會規範與宗教信仰。他們是通往所有人類本源的橋樑，並且為我們帶來重要的訊息。「新小孩」是完美的心靈，他們是指路明燈，充滿了熱情的真理，以及人類曾一度擁有並能重新獲得的純真。這些孩童就在這裡、就在當下，而且還有更多的孩童正在來此的途中！我們準備好要關注他們了嗎？

注釋

①「靛藍小孩」亦譯為「深藍小孩」，被視為擁有某種特殊意志力或超自然能力的孩童，他們通常於一九七〇年後出生，通常有大而清澈的眼睛，代表人類演化的一種較高狀態的人種。提出此一名詞的靈媒Nancy Ann Tappe，根據某些人顯現於外的光環顏色（或稱「靈氣」）與人格特質，而將這些伴隨靛藍色或深藍色光環的新人種孩童，統稱為「靛藍小孩」。俄羅斯《真理報》引述據俄羅斯社會科學院的科學家們所稱，新人種的靛藍小孩自稱有超能力，可看到靈異現象，能預測將發生的事情，他們的共同特徵是智力很高、直覺性強、非常敏感等；而從人體能量攝影的圖片中發現，代表精神力的藍色，在他們身上特別明顯。信者提出十多項靛藍小孩的特徵，但主流科學並不支持此說法，懷疑論者根本認為這是子虛烏有之事。

②Reality在本書中出現多次，多指相對於我們所存在的空間（維、度、次元、位面），在其他次元空間當下（現時）所客觀存在的事物及現實狀態，此情況統一譯為「現實」。

③「五感」是指視覺、聽覺、嗅覺、味覺和觸覺五種感覺。

④多維知覺（multidimensional awareness），意指人能直接並有意識地接近及進入其他維度空間的能力，即你能將部分的意識放在別的現實當中，如此你便可直接感知那裡的動靜。這被形容

為進入超越空間的能力。

⑤ 脈輪（chakra）的原意是指「圓」或「輪子」，在印度瑜伽的觀念中是指分布於人體各部位的能量中樞，尤其是指從尾骨到頭頂排列於身體中軸者，共有七處。由下而上依序是：海底輪、本我輪、臍輪、心輪、喉輪、三眼輪及頂輪。聯繫人體的七大內分泌腺，調節生命力與精力的流動。

⑥「參考系」（frame of reference），物理名詞，指與參考體相固連的整個延伸空間。在此指新小孩的來源。

第一章

演化中的變化

在這世界中創造一個新現實，就和執行它一樣簡單。

——其中一名孩童的心電感應訊息

為何有這麼多的孩童，在一生下來就擁有與生俱來的特殊天賦？為何他們和其他的人「不同」？又是如何不同？

人類循著一個循環的演化過程行進。正如我在《光之金字塔：對多維現實的覺醒》（*Pyramids of Light: Awakening to Multi-Dimensional Realities*）一書中的充分解釋，我們的電磁能量場與基因結構，持續地朝向我們原始的狀態演進，此一原始狀態就是光明，而此一光明正是我們的本源、我們的上帝，以及我們的造物主。我們每一個人都有與生俱來的光明，只是程度不同，而那光明包含了所有時間的記憶。潛藏在我們本質中對光明的記憶，推動著我們的演化向本源回溯。

在我們可推估的過往時間與人類的演化過程中，我們變得愈來愈愚鈍，直到目前的狀態。在此過程中，我們必須面對身為生物體求生存的需求，理性的心智因此得以發展。當我們因為氣候變化與尋找食物而不斷遷移時，也必須學習如何與其他人溝通；藉著溝通，藝術與精密的文字與後來的自我意識也得以開展。即便到了現在，我們的自我意識還是會根據以往的經驗，告訴自己是否安全；但我們的自我意識也會經常欺騙我們，因為它們並不是按照當前的真實情況來評估目前的狀況，反而是依據以往的經驗。因此，有時我們合乎邏輯的頭腦，就得填補兩者之間的差異，使所有的事情看似合理，而這常會替我們惹上麻煩！如同擺盪的鐘擺，我們通過了大部分的發展基礎狀態，並於當下朝著我們的最高存在向上擺動。當我們內部所有的一切都在尋覓其本源時，內在的變化也隨之發生。

新的ＤＮＡ關聯

所有人類都有一套ＤＮＡ[1]系統，而其中每一股看起來像旋轉梯子的分子鏈，都是由能相互傳遞信號的部分蛋白質所組成。這些蛋白質纖維以線狀相互聯繫的方式，在各片段間溝通了數千年之久，類似一種連鎖反應。沿著長鏈，一個蛋白質片段與另一片段溝通交流，然後是另一個片段，依次類推，傳遞信號。

當身體發生變化時，我們的ＲＮＡ[2]攜帶著要傳遞的訊息進出ＤＮＡ（參見圖一）。ＲＮＡ可識別我們體內ＤＮＡ所需要知道的情況，它帶著全身與此情況有關的訊息，傳送到ＤＮＡ上，ＤＮＡ據此做出反應。

除了與蛋白質片段溝通交流外，ＤＮＡ在各分子鏈之間與周遭還有一個電磁能量場，其作用如同一組液態的晶體收音機。此一能量場是以幾組特定的頻率為基礎來進行操作，就像收音機調準對好某一廣播電台的頻道。這個存在於ＤＮＡ內部與周遭的能量場傳輸並接收資料，並告訴我們的身體與精細微妙的能量場，改變是必要的。事實上，當我們的心理及生理有所感覺或情緒發生波動時，全身會隨著電磁系統和ＲＮＡ告訴ＤＮＡ有關此一體驗的情況而做出反應與變化。這些訊息流過我們精細的能量系統，進行無止盡地傳遞與交流。換句話說，我們的ＤＮＡ正在與天地萬物交流。

當我們與宇宙交流時，新的現實因而建立，身體與生活經驗也因為回應這些新現實而改變。如果我們的系統要求去適應新的情況，ＤＮＡ不但要挑動這些改變，而且還要監視它們。就像腦子一樣（我們只使用了腦子的百分之五至百分之七），我們用到ＤＮＡ之中的資訊非常少，因為我們已經忘記如何去接近及取用，至少以前是如此。而最近，我們其中一些人已開始記起如何使用了！

過去數年間，我們的ＲＮＡ開始辨識以往無法識別的電與電磁數據，並在體內及身體周遭進行傳遞。換句話說，此一廣播電台改變了頻率以便加寬接收的波段。這改變了我們ＤＮＡ各片段之間的互動，也改變了ＤＮＡ與身體的互動，因此也改變了我們與天地萬物之間的關係。

這些演化的新模式，能讓DNA進行不同的溝通交流，「新小孩」正是此一基因革命的鮮活例子。溝通機制中所產生的電，不再循著線性方式傳遞，反而是在所有的DNA路徑中開始以弧形的方式，從一個蛋白質片段傳到另一個片段。當此情況發生時，這些電經常會從一股分子鏈上的片段，跳躍至相對應分子鏈的一個或多個片段上。這是個令人驚異的新發展。

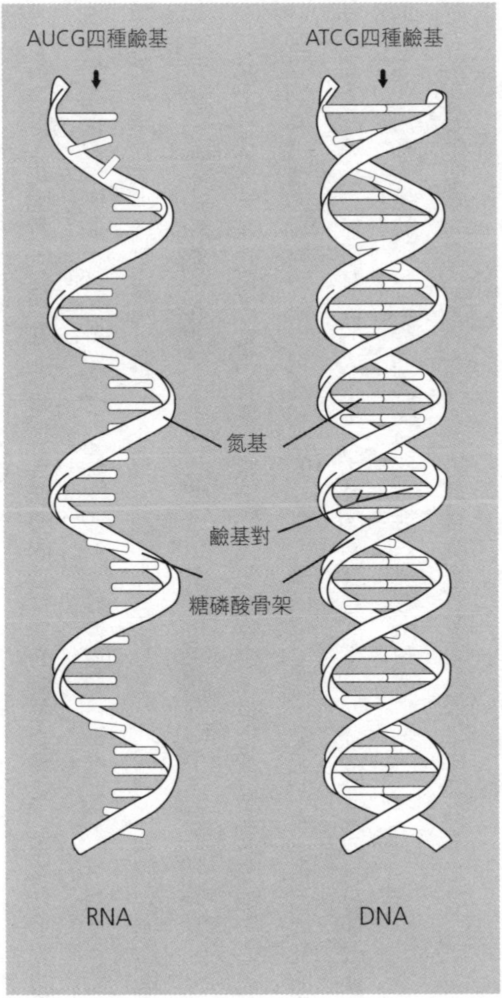

圖一：RNA與DNA的關聯

當DNA改變時，我們就進化了。我們體內DNA的新電流模式，在各分子鏈間建立了一道能量的波動，即一組電磁能量網，說得不好聽就是「改裝我們」。這些新的基因關聯，建立了一個能量的基礎，即是在DNA結構的斷裂與觸突之間的一個新能量場。當這些能量場開始調和並統一後，我們就會改變，而我們的小孩也會改變。

此一「改裝」在我們進化為有覺知意識的人類過程中，是相當重要的一躍。人類開始警覺到有其他的現實，甚至更高層次的意識知覺狀態。我們開始記起，自己比先前還知道更多的東西，無以計數的人不由自主地開始憶起前世，並逐漸演變成具有多維覺知的能力。有些人還發現，純粹的意識無所不能，毫無限制與阻礙。

當有愈來愈多的人「覺醒」時，也將會有愈來愈多的人記起這件事。

一旦我們產生改變，DNA與RNA也會持續進行調整以為因應。當此一程序發生時，愈來愈多人體內的DNA也開始起變化，甚至進化得更快，這個程序正持續不斷地進行當中。當一個人、兩個人，然後有更多人體內的DNA進行轉換後，大家對人類本質有共識的那一刻就會來臨。許多人稱此為「關鍵多數」（critical mass），即是指進化趨勢已成為一種標準的那個時刻（經由此說明，你也許會記起「第一百隻猴子的理論」[3]，其基本的主張是，在愈來愈多的人個別地學習某種行為後，總會有達到關鍵多數的那一刻，此時所有群眾自然而然地會將此行為當成標準）。

在意識上，我們也有關鍵多數。隨著外在形體的進化，我們內在意識的機能也會跟著成長。從演化觀點來看，這真的茲事體大。不僅我們的孩子在各個方面展現出更高層次的意識，我們也開始見到各個層次的有意識知覺，即使成年人亦然，而這在幾年前根本聞所未聞。因為，當這些被視為新演化成果的孩童來到我們的世界時，他們是帶著更新、更先進的DNA溝通模式而來。

我們DNA系統內的新模式很像網際網路，只是它們的能力與範圍更無遠弗屆且永不匱乏，而我們的潛能也是無窮無盡。我們的意識與DNA系統已開始更輕鬆、更全面地合作。一旦更全面性的溝通交流發生之後，我們的意識知覺會愈來愈高。

我們的孩子不僅用心傾聽，還以全部的身體來傾聽。此外，他們的能量場也經過調整，接收及傳送的場域更為寬廣。「新小孩」全心全意地與我們的世界交流，而世界也給予回饋。然而，我們是否真正聆聽過我們的孩子說話？

有意識的知覺、DNA與能量

意識並非理智，理智只不過是一個邏輯的構思結果，它是為協助我們生而為人，為求生存所發展出來的一個工具。做為我們防禦系統的一部分，理智會在經驗的過程中量化、合理化我們的進展，並知會我們。同樣地，意識也不是自我，它是我們真實自我的本質。意識不會駐守在體內，它可以輕鬆地前往其他時空及存在於夢想與實際兩者之中的現實。我們的意識是超光速的（比光速還快），並且能從全世界任何地方帶來我們所需要或想知道的任何資料與經驗。

意識是在懷孕成胎時進入人類的初始細胞的，它承載著我們前世的記憶，因此我們會產生「似曾相識」的感覺：我曾來過這裡；或是與人初次見面時，卻覺得彷彿早就認識他了。意識超越了當下的現實，為我們帶來有關過去、現在與未來的直觀資訊。意識是我們的一部分，也讓我們得以持續覺知宇宙萬物所發生的一切事情。意識能讓我們移山填海，改變事物的樣貌，並在時空中旅行，甚至涉足其他域界中的現實。它能進入他人的意識，感受他們的經歷，進而從事深度的治療，這是我們最大的力量與最深層敏銳的感受性。

由於我們曾學習過邏輯性思考與溝通，我們純粹意識的記憶在演化的過程中因而逐漸受到污染，自然而然地，我們關上了覺知更偉大現實的門戶。而現在，當知覺又重回到我們身上時，這些門戶又打開了。「新小孩」就是在門戶半開或全開時來到我們的世界，而他們的意識輕易地做到了我們本來能夠做到卻早已忘懷的事。這些孩子的意識記起自己是誰及從哪裡來，接下來，他們也記起了我們真實自我的真實寫照。

意識與ＤＮＡ都是由電磁能量所組成，所以它們會一起串聯運作。當意識與ＤＮＡ攜手合作時，我們可以變身成宇宙萬物之中「有意識的觀察者與參與者」的角色。我們的意識體驗著現實的每一層面，接著並將這些經驗直接以電磁能量的方式傳輸給ＤＮＡ（記住，我們的ＤＮＡ接受來自ＲＮＡ的資料後進行處理，然後再經由ＲＮＡ將這些經驗回傳至全身）。同時，ＤＮＡ將這些變化傳達給意識，以及回歸到宇宙萬物。這是一個無止盡的循環，不僅對我們的完全存在十分重要，對我們如何體驗它也同樣重要。

我們的每個念頭、所說的每句話，以及所經歷的每種感覺，都是一種能量，從而有一個和諧的調號。每一個調號都是多種頻率的組合，攜帶著給我們及從我們發出的訊息。例如，每當我們有不愉快的經驗時，體內可能會產生一種內臟器官的反應──胸口會劇烈跳動，或胃部深處有一種打結的感覺。相反地，每當有愉快的經驗時，胸口會在情緒激動時「鼓脹」起來。身體只是反映我們的體驗，當每個體驗的能量頻率傳達至全身時，這些頻率不只影響身體，還會變成意識的一部分。因此，每個體驗都會在身體（生物體上）及能量上（在我們的能量場上）被記錄或銘刻下來，而這些銘刻就會成為我們與宇宙萬物的一部分。意識也直接與DNA溝通交流，所以我們立刻就會有一個精神與實質上的存在。這一切的結果就是，我們不再是前一刻的自己，我們整個的構造改變了，且我們在能量上的和諧構造也必須因應各種情況而改變。有些改變是深刻的，有些則是不可思議的。

「新小孩」甚至擁有一個更直接、更有效率且更精確的全面傳輸系統，這個系統略過許多前人所需要的步驟。這些孩童的能量場不論是傳送或接收都十分活躍，因此有些人展現了看似罕見的天賦，例如擁有特異功能的中國小孩可以表演令人看了目瞪口呆的技藝；或靛藍小孩沿著能量網格（grid）[4]的途徑交流訊息。「新小孩」的新能量系統是正在運作的能量陣列，這就像是擁有一台調好頻率，能即時收聽所有頻道且二十四小時開機的收音機。有些孩童能濾除多餘無用的資料，有些則不需要，還有一些孩童因為腦子構造不同，擁有能夠同時處理不同訊息的能力。對於「新小孩」來說，所有的頻道都能同時使用，而且不用調整頻率，收訊範圍極為廣泛！

許多「新小孩」展現了令人驚訝的覺知能力、知識與直覺，事實上，他們有無窮的天賦。他們自動以各種方式來運用意識，為他們自己和我們帶來有關超越時空的生命與存在的解答。另一方面，由於他們的DNA結構與形態，「新小孩」對自己的感情與身旁的人都十分敏感。他們深奧不見底，超出我們的想像，而他們的同情心更激發了對社會的關懷。隨著DNA的進化，他們的意識也跟著具體升高，「新小孩」代表了一種全新的人類，即使在出世好久之後，他們還依然在持續進化。他們的能量場不斷地改變，變化著顏色與活動的形態，並在整個色譜中變得愈來愈明亮。

這些孩童的天賦如能獲得支持，就會成長茁壯，在藝術、音樂或科學等方面展現出令人難以置信的天份，他們的洞察力也會無限深遠。他們看到了我們人類之前從未見過的真理，且能以大愛與敏銳的感受力來表達這些觀察。遺憾的是，許多「新小孩」卻一直不為人知，他們的深度受到漠視，被當成只是幻想或漫無邊際的想像。然而真相是，他們的感受力與經驗卻再真實不過了！

注釋

① 脱氧核糖核酸（Deoxyribonucleic acid，縮寫為DNA）又稱「去氧核糖核酸」，這是一種分子，可組成遺傳指令，以引導生物發育與生命機能運作。主要功能是長期性的資訊儲存，可比喻為生物的「藍圖」或「食譜」。帶有遺傳訊息的DNA片段稱為「基因」，其他的DNA序列，有些直接以自身構造發揮作用，有些則參與調控遺傳訊息的表現。

② 核糖核酸（Ribonucleic acid，縮寫為RNA）是存在於細胞生物的遺傳訊息中間載體，並參與蛋白質合成，以及參與基因表達調控。對部分病毒而言，RNA是其唯一的遺傳訊息載體。

③ 第一百隻猴子理論是科學家對猴子的觀察所得。日本的科學家以幸島的猴子為觀察對象，他們把地瓜放在沙裡讓猴子撿食，有隻一歲半的小母猴撿起地瓜後，在附近的溪流洗掉地瓜上的泥沙，並將這個方法教給其他的小猴子，有些大猴子也學會了。直到某一天，學會此方法的猴子數目達到某個特定數目後（假定是第一百隻），忽然間，所有的猴子都學會了此一行為，甚至連其他島嶼及日本本土的猴子也不例外。這說明當社會中行為變化（的人）累積到某一個程度（數目）後，就會產生普遍影響力，並成為一種新的意識形態。

④「網格」（grid）一詞來自於「電力網格」（Power Grid）。電力網格用高壓線路把分散在各

地的發電站連接在一起，向用戶提供電力。用戶只需插上插頭、打開開關就能用電，絲毫不需要關心電能是從哪個電站而來，也毋需知道是水力電、火力電或核能電。推測在此的能量網格概念亦同，不具實質形體的能量遵循著能量守恆及運動定律，在看不見的網格點上相互碰撞，並沿著格線在節點之間運動。

第二章 醫學的誤解

「新小孩」有個與眾不同的頭腦，他們不使用線性邏輯思考，而是進行區塊式思考。

新小孩的能量運作

當我們接受任何一種刺激時，腦子會送出電子脈衝，沿著腦內與全身的神經通路傳送訊息。這些訊息會傳送到我們與所有生物的意識中，也會從我們的意識傳送出去。我們的訊息系統是以一種電磁頻率場或能量場的形式在運作，這些存在於我們體內與身體周遭的能量場，以及那些多維存在的能量場，本質都是電磁能。我們現存的所有能量層級之間也常常相互交流，這很像所有時間都在「上線」，任何時候都可毫不費力地取得需要的資訊。我們是以一種合乎邏輯的方式來使用頭腦，所以通常不會注意到自己經歷了更為微妙的溝通交流。

天賦異稟的人，通常頭腦的運作也與眾不同。請記住，能量攜帶資訊，而頭腦的運作要使用能量。具有超自然直覺或天賦的人有種與生俱來的本事，就是能「探知」各種不同層級的微妙能量，因而在其他的現實獲得預知；而在一些情況中，他們會放任意識去探索其他時空以及超越三維空間而存在的現實。那些天生具有直覺或超自然天賦的人，攜帶著資訊的能量在他們腦中的分布情形與常人不同，這是為了能有效理解這些資訊（至少在某些知覺層次上），並且讓這些資訊不致在腦子的線性運作中佚失。這種與眾不同的運作，並非都能在醫學測試中顯現出來，因為醫學界尚未認真或完整地考慮到微妙能量的可能性或影響。他們尚無儀器可以測量這種更純淨、更巧妙的能量。

由於能量運作關係中的某些刺激或變化，新進化的孩子可能看起來與其他小孩不同，甚至明顯地不正常。換句話說，有些「新小孩」在心智、情緒或肉體上，無法「正常」運作。有些孩子的外表上出現了各種程度不同的殘障，其中許多小孩在展現超越多數成人的清明智慧時，似乎更深刻地感受到了肉體的限制。那些情況看起來最嚴重的新小孩，常常不願或無法開口說話，而他們之中許多人都使用心靈感應來溝通，這種溝通方式甚至比我們開口說話更容易些。有些兒童在某些情況下也不願意遵守所謂「循規蹈矩」的要求，有些小孩可能經常「神遊太虛」或「心不在焉」。那是因為他們正在進行的計畫，遠遠超過我們單純的日常生活。

有些孩童就是「身懷異能」，他們擁有高度的直覺且天資聰穎，但在線性學習或填鴨式學習上，往往表現出明顯的學習困難。由於他們的智慧高，很容易就會感到無聊、無趣，表現於外的就是學業成績欠佳，或出現破壞性行為等問題。原因之一，就是因為此時進化本身正處於「高速發展」期，不斷變化或無法協調的能量有時會停留在這些孩子的腦波與所有能量場裡。腦子裡的能量關係與整體的能量系統會受到靜電干擾，就像無線電台碰上干擾時一樣。腦內的能量模式通常是從循環模式開始運作，而這會影響到孩童所能使用並接近的智慧區。相反地，有些孩童腦子裡的各個能量場卻能統合建立一個能量場，由此而接近大部分人通常都不會用到的腦部區域。

由於這些能量變化似乎無法調和，有些孩童會表現出一些特徵，包括：身體的官能障礙、普遍聰慧（或對某一特定主題的天賦），甚至擁有與生俱來極其卓越的心靈洞察力。可能性無窮，端視孩童腦子裡微妙能量場的組織情況而定。

雖然腦電波（EEG）常被用來測量腦部的電波反應，但通常無法掌握這種形式的活動。因此，許多有這些異常現象的孩童，檢查時通常反應正常，因而被認為是「醫學之謎」。這是因為醫學界並未將體內與身體周遭的電磁關係，甚至每個人都是由一層層微妙的能量形式所堆疊而成的事實，列為考慮因素，也未考慮到這些彼此之間隨時在進行交流的孩童具有多維的面向。

我們內部能量場中的新關聯，有時能讓我們以意識來接近其他的現實。我們有能力令自己的整體感受性更具效率，而這將使我們對三維經驗更為敏銳。當腦波的活動在回應電磁能量的變化時，有時這些頻率會統合起來，建立有趣的模式，γ波與一些更高的頻率將變得更佔優勢。γ波是我們最高頻率的腦波，它們是θ波之上的一個高階，通常在冥想及我們以直覺領悟的一剎那時可以觸及它們。至今，現代科學尚無法解釋，當γ波在腦中佔更多優勢或居掌控地位時會發生何事。當我們的腦波開始採取新模式時，意識就會受到影響。這與清醒或睡眠無關，但接著它會以某種方式產生關聯。我們會被更重要的現實「喚醒」。

「新小孩」的意識對於可供選擇的現實與多維世界的知覺更為敏銳；事實上，他們的意識到最後不再受到時空序列的限制。這些孩童可輕易地從一個現實轉換到另一個，但依然能有意識地覺知所有同步的現實。我稱最初的知覺為「啟蒙」，在此狀態中，我們的腦波模式被統合起來，並開始對於超脫塵俗現實的存在有早期的認知。在此一階段，會覺知其他現實的存在，但無法有更進一步的體驗。下個階段是「交流」，此時必須與其他的現實有意識的互動。這些孩子不僅能覺知到其他的現實，並且能逐漸流暢地熟悉它們。這意味著這些孩子能看到其他現實位面的生物，並與其交談（這賦予「看不見的朋友」的概念一個全新的意義）。交流也意指有意識地去體驗不同現實的能量，甚至向它們學習。這些孩童也能夠看到他們的指導靈與其他的宇宙生物，並與之互動，甚至發展出友誼。他們能投射其意識進入宇宙，在時空中旅行，並成為替我們這個世界帶來智慧的傳遞者。

自閉症

目前被診斷出患有自閉症的孩童，數量之多前所未有，而且還在持續攀升中。「意識」是大部分專業人士（事實上，是一般大眾）並不了解的一個令人驚異的東西，因此在我看來，醫學診斷經常在此領域出了差錯。

有時，新小孩一出生就帶著非常大的天賦，但因為天賦並未獲得承認或鼓勵，他們因此開始縮回到自己所選擇的現實中。在這些例子中，這些孩童看似往內退縮，對於他們周遭的三維空間只有部分知覺或完全毫無所覺。

事實是，讓自己處於一個純粹的意識狀態，要遠比應付不被承認與受到忽視的情況來得容易。對於這些能以意識輕易跨越蒼穹的孩子來說，要將這類經驗轉化為日常所使用的語言確實有所困難。當然，並非每個自閉症的診斷案例，都一定是出於此種誤解，但當這些特殊的孩子持續為這個世界增添風采的時候，這類事情卻愈來愈常發生。

自閉症是一種以迥異的運作方式取得和諧的典型表現，我們已經發現在自閉症患者的腦中，電磁能量的途徑變成一個迴路。換句話說，能量在腦部的一小塊區域中以圓形或橢圓形的形態循環。當某些能量形態變成以圓形運行時，能量系統中的其他部分（即感覺接受器）的開關就會卡在「開」的位置（再次提醒你，並非所有展現出自閉症症狀的小孩就是新進化人類。我們在此處的討論，僅限於那些擁有新能量形態的孩子）。

當腦中的電磁能交流開始以迴路循環運行時，這些孩子就會漸漸地被「卡」在狹小的區域中。腦內的神經細胞網路發展成一個狹小而受限的形式，接著就會限制這些孩子在三維環境的層次中正常互動的能力。這就是何以我們會看到各種程度不一的自閉症兒童，在情況較輕微的案例中，那些孩童還能維持著雖然困難但仍算正常的運作；受到中等程度影響的兒童，看起來似乎仍活在當下的知覺當中，只有部分的機能運作正常；甚至還有所謂的「自閉學者」（savant）[1]，他們是某些特殊領域的天才。從調和與能量面來看，我們所謂的自閉症，往往不過是重新安排腦內（也可能是全身）電磁能量場內的和諧關係而已。

因為太過敏感，讓許多所謂的自閉症兒童對於與他人接觸感到不安。這是因為接觸到他人時，他們會立即感受到對方曾經歷的一切：最深層的恐懼與感情，以及內心的黑暗與光明。此外，大多數自閉症兒童無法忍受任何形式的束縛，因為對他們來說，僅僅是受困在人類的肉體中就已相當難過，他們之中有些人甚至連穿衣服或穿鞋襪都感到難受。再次提醒你，我所說的這種情況並不適用於所有自閉症兒童，因為真正的自閉症還有其他原因。不論如何，這是發生在這些新小孩身上的一個明確現象。

有一派的學者聲稱，我們的環境、小孩子所施打的疫苗，甚至懷孕母親所攝取的海鮮中都含有水銀，而這是自閉症兒童增加的一個原因。事實上，大部分的水銀中毒，確實來自於人類所攝取的海鮮。另一個水銀中毒的來源是牙醫用來填補牙齒所用的汞合金填充物，其中也含有過量的水銀。這些填充物中的水銀會隨著時間漸漸滲漏出來，進入我們的身體。

水銀的高傳導性是不爭的科學事實，可拿來當作建立電能量的燃料。電流傳導時，就產生了一個電磁場。電磁場通常與電能場處於對立的兩極，當電能朝著一個方向旋轉時，電磁能就朝著相反的方向旋轉，這種兩極相對的情形建立了平衡與穩定。不過，當電能與電磁能的兩極都朝向同一方向旋轉時，通往時間與空間的門戶就打開了，原本介於我們所處的這個現實與其他世界之間的壁壘就會消失，引力也不復存在。此一現象正是目前抗引力科技所努力的方向，看起來也是飛碟（ＵＦＯ）進出我們世界的方法。這也是如何達成時光旅行，以及我們的意識如何在此一現實界與其他更深遠的未知世界運作的方式。

因此，如果我們體內有過量的水銀，也許會導致腦中電磁關係與模式的故障，並因而產生前述的迴路模式與自閉症，以及其他意識與認知上的不協調行為。體內積存水銀，確實可能會在我們的身體內建立一個新的電磁關係，因而造成電流發射的順序開始改變，並且（或者）以不同的方式傳遞。當這些改變發生時，孩童就會缺乏某些行為或改變某些行為，因此被視為「不正常」。

事實上，當每個小孩降生到這個世上時，都會帶著新的能量模式與更精確的電磁系統，但後來他們的系統遭到金屬污染，此一毒性會擴大差異，造成一般性的不和諧或機能障礙，並且會導致他們全身的電能與電磁能關係的重大改變。新的能量關係形成，且帶來了一套全新的議題。金屬污染可經由簡單的血液測試或分析頭髮樣本來進行檢測，這兩種方法都可透過醫生安排。

注意力缺失症與注意力缺失過動症

運用新腦波模式的兒童，通常都會出現注意力缺失症（ＡＤＤ）或注意力缺失過動症（ＡＤＨＤ）的現象，也就是說這些孩子看起來似乎無法持續做手上的事情，也無法集中注意力或專注精神，但真相是這些「新小孩」的思考方式與前人不同。人類通常是以一種線性方式思考，沿著一條井然有序的直線，一個合乎邏輯的想法接續著另一個。理性鏈條上的每個環節，都負有提供下一環節某些相關資訊片段的使命，直到整個故事能夠合理呈現。

「新小孩」有個與眾不同的頭腦，他們不使用線性邏輯思考，而是進行區塊式（compartmentally）的思考。具體形容，我們可以想像一下這些了不起的孩子，他們腦中有許許多多的小抽屜，每個小抽屜中都儲存著不同形式的資訊。這些抽屜分門別類地開啟，且常常會同時打開好幾個。所造成的結果看起來很像注意力缺失症或注意力缺失過動症的症狀，因為這些孩子似乎沒有停留在任何可資辨識的軌道上，常常以令人驚奇的速度，從一件事情跳到另一件事情上。他們思考時，可以從一個主題跳到另一個主題，辨識並儲存供未來使用的資料，直到他們擁有能讓整體事物開始產生意義的足夠資訊為止。

這種新的思考模式與他們被放大來看的學習能力，使得這些「新小孩」（尤其是水晶小孩與星星小孩），看起來就像患有注意力缺失症或注意力缺失過動症。真相是這些孩童不用對某件事情花太多時間思考，甚至根本不用思考，因為他們已俐落地將所有資訊都儲存起來，留待未來使用！與其稱ADHD為注意力缺失或過動，我寧可將這四個字母拆解為：

A：深入的能力（Ability）

D：維度（Dimensional）

H：容易激動（Hyper）

D：驅動力（Drive）

「新小孩」擁有自由且不受教條所阻礙的意識，這種與生俱有的自由，讓他們的意識可以隨心所欲地前往想去的時空，即使他們依然身處於三維環境中！

除了被視為「注意力缺失」外，許多「新小孩」也背上「過動」的惡名。除非曾經出現過動的症狀，否則「新小孩」完全不易激動或興奮。當一個孩子能分門別類地蒐集並儲存資訊時，他或她都是以閃電般的速度行事的，以致我們常常忽略了此一過程。然後，當其他人試著用冗長、笨拙的線性邏輯來趕上進度時，這些天賦異稟的小孩就會覺得無聊，並開始失去耐性，因而常常表現出不守規矩的行為。其實，問題只是出在沒有能引起他們興趣的東西，他們才會在教室裡、家裡或其他地方覺得坐立不安，跑來跑去。長期下來，這樣的孩子通常會變得具有破壞性。

這些孩子並非不正常，他們只是與眾不同。若以電腦做比喻，先前的世代就像是依然在使用DOS程式運算的早期電腦，它們的處理器在進行邏輯運算時，同一時間只能進行程式中的一次運算，直到完成。此一程序是邏輯性與線性的，程式語言遵循著一條直線，一句接一句。相反地，「新小孩」的運作就像是最新的超級電腦，能夠有意識地同時進行多方運算，而且在這過程中絕不會錯失任何一條線索。他們把訊息當成純粹的能量來處理，因此在傳送的過程中並無耽誤。此一過程之迅捷，根本無法以言語形容。他們的吸收技巧簡直就是超光速，比光速還快。對他們來說，這種快速的運算是自然而然的，許多孩童並未意識到自己與其他人的不同之處，他們只是照著本性發揮天賦而已。

這種看似零亂的機能運作，讓教師、家長與其他照護人員在心目中建立了一種錯誤的認知，那就是這孩子可能有學習障礙或某種缺陷，使得他或她無法遵循著線性邏輯的方式思考及行事。於是，這些成人們努力地想要以特定的社會規範與規則來限制這樣的兒童。然而，長時間下來，這些努力換來的卻是更加桀敖不馴的行為。這些孩童經常會深陷公立學校體制下的種種缺失，而被貼上「問題兒童」的標籤，最後便對這個不了解他們的社會產生怨懟之心。這些孩子本來就已經因為他們的知覺遠超過同儕而覺得格格不入，現在更是雪上加霜，他們的自我形象因此遭到破壞，行為也出現問題，並可能就此發展出沮喪消極的心理，而更不願意與外界聯絡，因為根本沒人能了解他們。任何的負面回應都會被放大解讀，而這全是因為一個天賦優異的孩子未能獲得認同與鼓勵。

我們非但沒有讚美他們的天賦異稟，反而對他們施用藥物來抑制消沉及過動，或以此來提高他們的情緒或使其冷靜。這些藥物讓他們變得安靜，比較能接受管束，而且似乎也比較能夠專心。但在情緒、精神與進化等方面，他們卻被削弱了。這就好像社會判定這些孩子是失控的火車，而控制他們的唯一方法，就是將藥做成的磚牆橫在鐵軌上，當火車無可避免地撞上牆時，接下來的就是毀滅。就像那些被施用藥物，好讓他們的行為能合乎舊社會規範的孩童，當這些孩童服用藥物後，通往更高層意識的門戶通常就變得遙不可及了，原本對生命滿懷興奮之情的孩子，從此變得麻木冷淡。服用藥物後，他們變得比較安靜且易於管教，再也不需要特別的關照，但問題真的解決了嗎？

有人努力想要「控制」局面，「控制」（這個老掉牙的舊典範）需要某個人或某些人全天候負責。事實上，「控制」不過是一種自我感受，根本無法應用在真實中。「控制」的概念主張，必須要有一個獨立於群體的某個人，以他或她的經驗與看法施加於其他人身上。當某人聲稱他已掌控了這些兒童時，其實與其他人無關，全是那個人的自我感受。控制者根據自己所了解的情形而提出的需求，未必是合乎所有參與者的福祉。控制是一種自覺力量。

「新小孩」毫無疑慮地清楚知道一個最重要的真理，那就是我們俱為一體。我們是全體的一部分，而此一全體要比我們其中任何一個人都大。當我們以分類或其他方式將自己自外於全體時，就已逐漸遠離這個真理，而「新小孩」知道這個真理。當這些孩子內心深處知道此一真理，但成年人或甚至其他的孩子還試著要讓他們悖離這個真理而生活時，無異是要求他們背叛自己的非凡本質。基本上，我們是要求他們說謊，並承認自己脫離了全體；而這違背了孩子們所知道的一切事實，且由於他們的了解是如此深刻，因此從全體分裂出來的這個事實，會讓他們痛徹心扉。

按照我個人的看法，這些特殊兒童的問題不在於注意力不集中，或是認知能力和社交技巧出了問題，而是來自於他們身處的社會。社會對這種升級版的進化人類缺乏知覺，對這些兒童照顧不足，未能提供適合其需要的教育環境或家庭的支援系統，且對他們的真話充耳不聞。我們的社會通常都會為它的無能找一個代罪羔羊，於是那些做了一些有別於凡俗之事的人（或其實什麼事都沒做的人）受到了莫須有的迫害。我們的社會必須改變看待「新小孩」的方法，否則會有愈來愈多的兒童因為挫敗而心灰意冷，而他們卻是有可能為我們這個世界帶來強大與正面改變的人。

注釋

① 在此所指的「學者」（savant），是指自閉症患者中患有學者症候群（Savant-Syndrome）的人。他雖有認知障礙，但在某方面卻有超乎常人的能力，如演奏樂器、繪畫、記憶、計算及日曆運算能力。自閉患者中有百分之十是學者症候群，如電影「雨人」（Rain Man）的主角就是典型的學者症候群。他們的智商大部分低於七十，但在一些特殊測試中卻遠勝於常人，故俗稱為「白痴天才」（Idiot Savant）。

第三章

靈球體也是人！

將我們的意識以完美的幾何圖形送出，可以讓我們在空間中不受限制，在時間中不受阻礙。以天地萬物創立時的同樣構成去運行，我們絕不可能出錯。

——火蜥蜴靈球體

什麼是「靈球體」？

經常出現在照片或影片中的「靈球體」（orbs）是圓球形的能量場，看起來很像是一個圓形的泡狀物，差別只在不是中空的。靈球體似乎是依照著自己的韻律移動，被看見或被拍攝到的靈球體通常有多種顏色，並有錯綜複雜的內部設計。關於它們的起源有各種不同看法，原因在於不是所有的靈球體都來自同一個地方。事實上，靈球體是一種能跨越時空、次元，甚至銀河界限的交流方式，有些人確實能看到或感覺到它們。

懷疑論者通常會聲稱靈球體不過是大氣中的塵土塊罷了，然而並非所有的靈球體都是塵土。多年來，常常有一個不知從何而來的聲音會打斷我的日常工作，告訴我「去拿相機」、「走到室外」或「轉過身」，每次我都聽從它的指示，結果因而拍到許多張靈球體的照片！

這些照片中，有許多靈球體的後面拖了條「尾巴」，那是能量的軌跡，顯示靈球體實際移動的動作。在某種程度上，它們看起來就像穿越過鏡頭的小彗星。有時，靈界也會以靈球體的形式或其他反常的現象出現在照片中，向我們顯示其存在。我在普遍被認為「鬧鬼」的地方，曾經拍到靈球體的照片，而這些場所也多次出現在新聞報導中。多年來，我遇過不少人可以毫不誇張地召喚靈球體，好讓它們出現在照片中。他們會在「召喚」之前先拍好對照用的照片，這些照片上什麼都沒顯示，但在召喚靈球體後，拍攝的照片中就出現了歡鬧喧騰的靈球體。

猜測這些靈球體可能代表的意義，總會讓我沉迷其中。總之，當我們以一種超自然的觀點來看待此一對象時，靈球體呈現的是一個全然不同的新意義，並具有無限的潛力。最近，我發現一個比照片中出現耐人尋味的異常現象還更重要的現象：靈球體擁有意識！這有可能嗎？沒錯，這是真的！

發現之旅

要描述這個令人驚訝的發現，最好的方法就是告訴讀者它如何找到我。我對古怪的經驗並不陌生，在我早期的覺醒階段，當我更專注於本身的能量系統時，我發現自己對現實的感知能力大幅改變了，我可以更清楚地意識到其他現實位面上廣大且多樣化的能量。每天早上，我會花時間去探索這些不可思議的新發現。我開始可以看到能量，而且我逐漸學會如何經由動作與音樂來操控這些微妙的能量。當我這麼做時，我可以感知到現實往外不斷地延伸。我發現自己擁有的這些經驗，其他人從來不曾領略過，這個事實讓我深感沮喪。

發光大師來指導

每天早晨，當我與這些能量一起互動時，我都會大聲祈求宇宙間任何智者能夠注意到我，並願意前來指導我。我大喊著：「出現吧！」有天早晨，當我依慣例祈求指導時，有個全身發光的大師忽然出現在我面前。他是活生生的全息圖（hologram）①，就站在我的客廳裡，全身散發的光輝讓人目瞪口呆！他的個頭很高，穿著深紅色袍子，頭髮很長很柔順，全身散放出強烈但輕柔的光芒。在我所經歷的現實中，這一刻顯然是一個直接且不可逆轉的變化！

大師向我展示如何使用能量，那些方法是我從未想過的，最後他教我如何運用能量來治病，以及如何顯現出更偉大的現實，甚至如何運用能量來學習。隨著時間的推進，接連出現幾位不同的大師，前來教導我各種不同的課題，例如宇宙的構成、科學與治療等多種相關學問。即使到現在，這些大師還是幾乎無時無刻不在指導我。這就像是我的腦子全天候無線上網一樣，時時刻刻都在接收任何課題的輸入資料。我知道，這聽起來很詭異，但這全是真的，而他們傳授給我的東西，在我接收到相關資訊許久後也經科學證明為有效。

這是令人驚奇的一趟旅程，我在其中學會信任，學會對預期之外的事保持開放的態度，還學會不論發生任何事情，都對每一刻的完美懷抱信心。當我這麼做時，我的生活發生了不可思議的正面變化，有一股偉大的動力推動著我。因此，我的工作帶著我在全球各地四處活動，與成千上萬的人見面並交談。每次的會面都教給我一些新的東西，毫無例外。當我們決定擺脫控制感，並真正相信當下那一刻時，最令人震驚的事情便發生了。我們開始會去體驗生活中同步發生的事，障礙消失了，再也不存在了，令人驚奇的事件則一件接著一件發生。生命看起來就像是一支精心安排且無窮無盡的舞蹈，再也沒有純屬巧合之事，有的只是各種機會。

大師們傳授給我的科學資訊往往超出我能理解的範圍，對這些資訊的本質我通常能了然於胸，但複雜的數據資料卻超出我的教育背景，因此我必須經常尋求某個更能善加利用的人，希望能將這類資料交給他。我常常開玩笑地說，我需要見上一面的人，最後都會出現在我的客廳中。在我必須分享資訊的當下，擁有最適合的背景與關係的人士，往往會在我的意料之外在最適當的時間現身。

舉例來說，有次我需要有關基因的資訊時，有個基因學家不久就和我約時間見面；當她到達時，還搞不清楚為何她會來我家。我們很快就找出答案了！我跟她分享自己所接收到的人類DNA分子鏈傳遞改變的相關資訊，當她聽到大師向我展示的內容時，顯然非常驚訝，因為科學家才在一週前發現了此一現象，而我當時已知道這項資訊兩、三年了。跟她一起分享我接收到的訊息相當有趣，因為我們都不知道接下來會發現什麼。我們從此成了好朋友。

還有一次，當我正在搜尋有關核能領域的特殊資訊時，有個核能工程師應邀現身，我們一起交換資訊（後來他成了我夫婿，這也算是一舉兩得吧）。火箭科學家們來來去去，生物學家、病理學家、自然療法專業醫生、順勢療法醫師、針灸醫生、電影製作人……全都來過了，而且我相信他們還會持續出現。對於更為寬廣的實相，我一向樂於打開大門。

過去數年，我接收到了有關「新小孩」的種種資訊。我與很多兒童及其家人攜手合作，並發現所有的資訊都息息相關，而這些兒童本身也證明了這些資訊的真實性。尤其是二〇〇六這一年，有太多不可思議的新發現與經驗，許多事情當時我都還不甚了解，但我現在終於恍然大悟了。作家詹姆士．崔曼（James Twyman）對我們的世界貢獻良多，他發現靛藍小孩利用心靈感應，沿著宇宙網格的格線進行交流。靛藍小孩彼此之間與能「調對頻率」的人不分時地進行交流，他們才真正令人吃驚。崔曼曾經和許多這樣的孩童碰面，他們以這種方式和他交談，後來崔曼將此一非常真實的奇妙現象公諸於世。同樣地，有些「新小孩」也以一種特殊但同樣真實的方式進行溝通。接著，一連串不同凡響的事件帶領我來到了一個突破點。

靈球體孩童的召喚

二〇〇五年夏天，我答應出席在華盛頓州斯普肯市（Spokane）的一個博覽會。我已連續幾年都參加，每一次聽眾都希望我能出席幾個專題討論活動。我記得有一年就在博覽會舉行前數個月，大師們告訴我，我「必須」談到這些孩子的事。我當時有點遲疑，因為我從來不認為自己是兒童專家，雖然我已經和許多家庭合作，但我仍然不覺得自己有足夠的、井然有序的、堅實或可資證明的資訊可以用來當眾演講。

但大師們不放棄，我聽見腦中一再響起「談那些孩子」的聲音，他們就是不肯放棄（當大師們想要我做些什麼事時，在我同意之前，他們是不會停止的。坦白說，這有時很煩人。但我學會了，如果他們很堅持，我最好要多加注意，即使他們所說的事對我當時的經驗或邏輯來說是一項挑戰）。通常，當大師們如此督促我時，我都會得到正面的成果，比如我的生命會轉向更高的境界，或者得到更多的領會、更多的新想法或更重要的關係，還有可用來宣講的新會場。最重要的是，抵抗毫無意義，因為不論如何，最後我還是會完全照著他們的需要行事，而結果也總是令人滿意！反正到了最後，我的回答一定是：「那好吧！」

我的演講要談的是這些孩童，這個消息很快就被宣揚出去，不管是聽眾人數或特地來跟我分享故事的人，都讓我得到相當豐碩的回應。想要提問有關特殊兒童問題的人，或只是表達關切的人，讓我忙得焦頭爛額。當我察覺到人們殷切地想要知道「新小孩」的相關資訊時，我開始領悟大師們的意思了。

那天早上在我演講前，有個名叫茱莉的婦人來找我。她的雙手捧著一本相簿，迫不及待地要拿給我看。茱莉說她住在蒙大拿州的一個小社區，本身是護士，也從事直覺療法，這點和我的經驗很類似。她說，經常有醫生、律師等專業人士，以及孩童或家庭，因為她為某些特定類型兒童所做的治療來找她。茱莉和我分享了許多有關她工作對象的兒童種種令人難以置信的故事，以及她如何找到他們，更確切來說應該是「他們如何找到她」！茱莉說她能「獲得訊息」（我肯定原因就在此），可以聽到來自天上的話語，例如「上車，開車」，而她就照著做，根本完全不知道自己要去哪裡。當她到了目的地，會被「告知」已抵達，於是她就下車，走近那戶人家去敲門。有人應門時，茱莉會毫不猶豫地問道：「這裡是不是有小孩子？」而答案總是：「是的！」

這些兒童是以心靈感應的方式召喚茱莉前來。

一般來說，這些召喚茱莉的兒童都是嚴重的身體障礙者，他們要不是不能開口說話，要不就是聽不見或看不見，因此他們是以心靈感應的方式來進行交流。換句話說，他們是將自我意識延伸出去，進行靜默的溝通。茱莉說，她曾拜訪過一戶人家，當她抵達時，有個男孩興高采烈地一一道出（使用心靈感應與手語）那天她見到他之前的所有行程。他知道「所有一切」細節：當天她所做的事情、她的體驗及感受！在這些造訪中，她獲得的消息通常是這些家庭已打算將小孩送到某些特殊機構，原因是這些孩子嚴重殘障，而他們的家庭無法提供妥善照顧他們生活所需的護理水準。茱莉通常會詢問這些家庭或照顧者，是否願意讓她代為照顧他們的小孩，答案往往是「可以」，因為這些家庭太需要協助了。

茱莉一邊說著她的親身經歷，一邊打開相簿，讓我看看這些孩子的照片。大部分的孩童看起來都相當正常，但照片中卻有一些異常現象，馬上就吸引了我的注意力：拍照時，這些孩童以圖像方式展現了能量場。他們展現出各種顏色的靈球體，其中通常塞滿了宗教的幾何圖形或數學方程式的圖像，例如「曼德布洛特集」（Mandelbrot set）②。當茱莉第一次注意到照片的不尋常之處時，她很好奇這些靈球體的出現是照相機出了問題，還是空氣中有什麼東西所致。

她察覺到有某些更重要的事情正在進行，所以開始拿不同型號的相機來實驗。她試過手邊所有的相機，包括數位相機、三十五釐米單眼相機以及立可拍等多種款型，但結果是全部照片都出現了幾何圖形與顏色生動的靈球體，但這些照片遠比「平常的」靈球體照片更為複雜。當她問那些孩童照片所顯現的事物時，他們告訴茱莉，這些不尋常的照片是他們故意創造出來的！原來這些靈球體是意識的投射。聽到這些事，我覺得又激動又興奮，因為多年來，我對這些靈球體有太多假設，但一直無法證明我的理論——直到現在。

不論照片是何時或何地所拍攝，每張照片中的靈球體都對應著照片中的孩子，充份表現出個人特色。每一個靈球體都有錯綜複雜的紋理，都可用來辨識屬於該孩童的能量表現。在她的相簿中，反覆出現這些令人印象深刻的東西。當這些孩童與其照護者參與各種活動時，這些靈球體會反覆出現在照片中的不同位置，看得出來這些孩童是故意要顯現他們的能量特徵。

但事情還不止如此。茱莉和她的朋友在第一次拍攝後，就開始做更進一步的實驗。有一天，他們帶著其中兩名男孩（他們以彼此之間的心靈感應著稱），分別參加在城裡兩個地方進行的體育活動，他們在同一時間對不同地方的兩名男孩分別拍照，兩個孩童的照片上都出現了紋理相同且組合一模一樣的靈球體。這是兩個男孩在相互混合諧波頻率後，在同一時間利用圖像方式表現出來。說這是巧合根本無法解釋，我必須坦承這確實讓我印象深刻。我要求茱莉在我進行專題演講時出示這張照片，我認為這對「新小孩」的奧祕是一個極具價值的證明，我也知道這些故事底下還蘊藏著某些更重要的意義，但當時我還無法掌握。

當天下午我的專題演講就要登場，演講時間總共有兩個小時。我要如何安排內容？在我與這些兒童或照護者的訪談中，我是否擁有讓聽眾覺得有意義的知識？當然，我的那場演講很精彩，而我也發現，這次的經歷為我帶來出乎意料的豐富資訊。在介紹完各類型兒童的基本型態與特點後，現場開放討論，聽眾可以自由發問、評論或談談他們個人的經驗。透過討論，這些聽眾分享了他們所關心的問題與關懷，每個人都很興奮，而我也深受他們的熱忱所感動。兩個小時一下就過去了，後來我們還繼續在外面的走廊談了好些時間。沒錯，大家都學到了一些東西，但還有更多要學的。

靈球體深植於我的能量場中

隔天早晨，當我一覺醒來時，就感覺有點異樣。等我開始換衣服準備外出工作時，清楚感覺到身子失去平衡，不由自主地一直向右邊傾斜。我閉上眼睛，開始分析失去平衡的原因。我檢查自己的能量場，發現的事情讓我嚇了一大跳：我的能量場中出現了一個色彩鮮豔的水綠色靈球體！這顆靈球體出現在我身體右側、肩膀下方的能量場中。它攜帶的能量如此之大，甚至撼動了與我連結的個人能量場。我不知道發生了什麼事，但我必須弄清楚。

到了當天要結束時，我的能量場上已經有了四顆靈球體，都在右邊，而且每顆的顏色都不同：一顆是水綠色、一顆是接近鮭魚肉的淺橙色、一顆是金色，另外一顆則是淡綠色。我一點都沒誇張，這些靈球體的能量重得我連站都站不起來。當然，我難免會有點不安，但對這類未知現象我早已見怪不怪了，所以我決定靜觀其變。

那天我在博覽會上忙得不可開交，但只要有機會，我就會「檢查」自己的狀況。一整天靈球體都沒有消失，而我也開始慢慢調整自己能量場內多出來的能量強度，並試著緩慢卻堅定地站著。那天又碰到了茱莉，我告訴她我發生的事，她笑了起來，並說我被「啟動」了。顯然，在看到那些孩童的照片後，許多人會更容易覺知到靈球體。除此之外，她並未多作解釋，雖然我希望能跟她多談談，但我那天再也沒有碰到她。我知道這裡面一定還有更多東西，絕對不是只有單純的覺知而已，我既好奇又著迷，所以繼續觀察並等待。

我從斯普肯市又飛到亞歷桑納州的塞多納市（Sedona），出席一個週末研討會。在會議開始前，我還有幾天的時間可以充電。因為我比其他的演講者早到，正好多出了一些我十分需要的空閒時間。在這兩天中，我覺知到有愈來愈多的靈球體進入並附著在我的能量場上。我發現自己似乎是在蒐集一系列大小不同、顏色各異的靈球體。這是個嶄新的經驗，所以我花了好一會兒時間才能鎮靜下來，並對此一現象敞開心胸，當我這麼做時，才發現我有一批搭便車的「旅人」。

每個靈球體都攜帶著不同小孩的意識，而他們都在對我說話，噢！我的天啊！

這是我一生中許多我確切知道即將有所改變的時刻之一。就如同大師首次現身在我面前時一樣，我做了一次「實況查核」，是我搞錯了嗎？不可能！這是真的。我承認，自己確實被此一經驗中的含意嚇了一大跳。即使像我這種對種種怪事都習以為常的人，這也是前所未有的新經驗。所以我想，管他的，並試著開始以心靈感應的方式來和這些孩童溝通。我一個人在亞歷桑納州，對著自己的能量場談話，自己都覺得有點傻氣，直到他們開始回答我的話。哇！

奇妙的事情發生了！不僅那些孩童的意識開始往我的能量場集中，現實生活中的小孩也開始聚集在我身旁。那年夏天，在我的每趟飛行（很頻繁）中，鄰座坐的都是小孩，事實上我是被各種年紀的小孩包圍著，包括整班學生、學校樂隊或球隊，還有其他因為種種原因而一起旅行的孩童團體。在機場與餐廳時，情形也是如此，確切地說，我所在的每個公共場合都是同樣的情形。這可不是巧合，在這段時間內，我也發覺自己和那些孩童對各種主題都有深入的對話。對我而言，這種意識提升的經驗，感覺就像魔法，而我知道還有更多的東西正蓄勢待發！

與靈球體孩童的心靈溝通

二〇〇六年初，我構思了一部根據本書內容拍攝的「新小孩」紀錄片，想將這些特殊孩童帶到這世界上的一些重要訊息與大家分享。就在我離家準備過我的夏日假期時，我碰到了導演邁可．席亞（Michael Shea），他正在製作一部探討前世今生的電影。由於我可以充分感受到多維知覺，因此他請我擔任電影特殊效果的私人顧問。

幫忙寫劇本的孩童靈球體

我人在塞多納時，邁可和我在電話上談了很久，規劃著電影拍攝前的一些前置作業。在電話中，我告訴他有關靈球體的事情（當時這些靈球體正在與我交談），還告訴他我想拍一部有關這些小孩的影片。聽到我的親身經驗，邁可很興奮，他問我：「何不將妳的影片內容放到我的電影裡？」我難掩激動！我真的想讓大家了解在我們的日常生活的背後還隱藏著些什麼，也想要人們了解這些脆弱卻卓越不凡的孩童並未得到他們所需要的一切。而現在，我有機會畢其功於一役！我毫不猶豫地回答：「沒問題！」長話短說，我與邁可成為劇本的共同編劇，甚至還繼續籌拍續集。

這些孩童不僅影響了我的生活，還會幫忙寫劇本。在我結束與邁可的通話後，我開始以心靈感應的方式與這些依然盤旋不去的靈球體交談。當然，他們早就聽到我和邁可在電話中談到的事情，我問他們是否願意幫忙寫劇本（我當時根本沒有想到這正是他們出現的原因之一）。當我坐好在電腦前面，我告訴這些靈球體孩童，這是個交談的大好時機，因為我現在可以全神貫注，並將他們的訊息鍵入電腦，以便完全記住他們的每一句話。我希望能邊做筆記，邊將他們所要表達的訊息記錄下來。我詢問這些靈球體孩童，他們希望我在書裡說些什麼，以及他們想要在影片裡展現些什麼。他們開始告訴我，和我分享他們的哲學，以及對這世界與其他世界的觀察；他們也向我展示擁有各種魔幻場景的世界，好讓我以後能寫進劇本裡。我們談了好多，最後我還問了他們關於人類與其他更深入的問題。以下是他們一吐為快的部分內容：

關於地球上的生命

★我記得在我來此之前所待的那個地方。那裡每個人都說實話，沒有任何人曾受到傷害。

★地球上沒有任何東西有你們想像得那麼重要，那些都是小事，重要的是永生。

★爲什麼人們會記不得完美狀況的那個時候？你知道嗎，至今情況依然如此。

關於人際關係

★我希望人們可以明白他們對彼此做了什麼。也許要到那時候，他們才能學會如何善待對方。

★人類的愛與對愛的想像，這兩者之間有相當大的出入。

★這麼多的人似乎都不快樂，這是因爲他們不記得自己的眞實面貌。

關於時間

★不妨這麼想：如果昨天是現在，而且明天也是？這難道不是表示，現在是一種常態嗎？沒錯，確實如此。

關於自我的自由

★昨晚，我想我夢到自己可以飛翔，然後我了解，我根本不是在做夢，我眞的可以飛。

當你的現實是以如此戲劇性的方式變化時，建議你使用你的洞察力進行一次所謂的「實況查核」，這是個好主意。我也常常這麼做，因為對我來說，現實經常改變！所以，我告訴我的靈球體小朋友，他們的圓球形體很迷人，但我也希望能跟他們的俗世凡軀見個面。當時的我，根本對接下來要發生的事情毫無所悉！

與靈球體孩童面對面

威廉——約我見面的靈球體

在我提出要和這些靈球體小朋友碰面的建議後不久，我有個約會，是跟一個素未謀面的新客戶一起分享一篇文章。因為我所發行的新聞月刊《線上訊息》（*Online Messages*），有些人會透過電子郵件跟我約時間，在正式交談之前，我們通常不會通電話或碰面。那天到了約定時間，電話響了，電話那頭是一個聲音輕快的女性，她先是跟我道歉，表示這次碰面，其實是為了她十一歲的兒子，他除了無法開口說話外，還有其他的身體問題，這次見面其實是她的孩子要求的。

她開始告訴我有關威廉的事，就在這時，我的能量場中響起了陣陣竊竊私語。靈球體變得異常興奮，我一時忍俊不住而放聲大笑。「我很想知道，」我對這位母親說（並未多做解釋）：「威廉是否就是那些和我談話的孩子之一？」過了一會兒，她也笑了起來。她說她很好奇我會說些什麼，因為她的兒子告訴她，他和我已經聊了好一陣子了。哇，哇！好吧，這確實是我自找的，不是嗎？這次的通話開啟了我、威廉及他母親之間一段既迷人又可愛的關係，直至今日仍然持續著。

通完電話後，我以心靈和依然在我能量場中徘徊不去的諸靈球體溝通，我問他們：「威廉在哪裡？」我因此確認了他就是那個懸在我頭上的淺橙色靈球體。生命才開始變得更奇怪，但也終於開始顯現出意義了。從我們命中注定的那通電話開始，威廉和我一起分享了一些非常特別的時刻，你將會在本書第九章加入我們。一開始，我選擇只跟極少數的人一起分享靈球體的現象，從而開啟他們對此現象的覺知，而當我這麼做時，他們也開始親身經歷這一切！

狄倫——放棄地球體驗的靈球體

我的朋友潘，是才華橫溢的直覺療法專家與薩滿[3]祭司，她被召喚前往醫治一個在卡崔娜颶風蹂躪墨西哥灣海岸後病得很嚴重的男孩，我稱他為「狄倫」。颶風過後，狄倫回到他滿目瘡痍的家園不久就生起重病。他和幾個家人為了幫助其他人而回到災區，同時順便檢查自家的狀況，結果發現他們的房子全毀。在穿越污濁洪水地區的跋涉途中，一堆堆的浮屍讓這一家人驚嚇連連。大約在返家後一週，狄倫就病得很嚴重，他持續發高燒，很快就被送去住院。狄倫的病情一直不見好轉，各種醫療檢測都無法顯示折磨他的病因，因此他的老師就和潘聯絡。在颶風前，狄倫是個非常健康的孩子，而他的病情讓醫療人員都感到神祕不可解。住院不久，他就陷入昏迷狀態，無法以正常方式進行溝通。

潘以心靈感應的方式跟狄倫交談，而狄倫也開始有所回應（在此之前，我只告訴潘，我的能量場裡出現了一些靈球體，但我並未對她透露那些靈球體是什麼）。潘漸漸察覺到，她的能量場中也出現了靈球體，就在她的額頭前方。當狄倫開始與潘溝通時，她出於直覺地問他，他是否就是她所感覺到的那四個靈球體之一。沒錯，他當然是其中之一！當她問狄倫，他們之間如何溝通時，狄倫告訴她，當妳發自真心地想要溝通時，妳就能接受到訊息。基本上，經由「愛」來進行溝通，我們就能打開所有的門戶，而當你關上這些門戶時，就是對自己的直覺建立「擋火牆」。狄倫解釋，孩童之所以能以這種方式前進與溝通的唯一理由，就是他們心中還保有一定程度的純真，不像大多數的成年人常懷有防衛之心。狄倫進一步解釋，以靈球體的形態移動，可以讓他們的意識安全地穿越宇宙間最細微的通道，並且不會迷路。

狄倫說，他不舒服地受困在自己的身體裡，因為有形的軀殼無法伸縮自如，不像他來到地球之前的那個能量體的自然狀態。他告訴潘，是否要降生到地球是他們的自由選擇，他們可以決定要不要這種經歷。狄倫說，他已決定放棄他的地球體驗，因為他無法在靈魂學習中如願發展，他寧願從「彼方」學習與教導。

身為醫療者，情緒若被對方牽引而太過投入，可能會導致一個不被希望的結果。心有戚戚焉的同情是一回事，一旦跨越了感情的那條線，可能會在醫療者心中建立了一處極大的弱點，甚至會干擾醫療的純粹性，而在治療兒童時，要維持專業的中立態度相當困難。潘很快就喜歡上了狄倫，即使身為專業人士的她知道這並不妥。發覺到這個問題後，潘問狄倫，為何她在情緒上無法避開與他產生聯繫。他的解釋著實替潘上了一課，「到目前為止，」狄倫說，「妳對妳工作的份際仍不了解，妳背負著知性的包袱，而那並非真理，妳必須捨去對結果的執著。真正的共鳴是發自內心，那是非常微妙的轉換，現在妳正在學習其中的差異。」

狄倫始終沒再醒過來，不久之後就過世了。在他「轉換」期間，一直都在和潘不斷溝通交流。當潘問及他這次的離去，狄倫說：

目前地球人類集體意識所產生的影響層面，正在對抗宇宙萬物的定律。集體意識變得以情緒爲基礎，情緒跟創造或破壞都無關，除非你們的意圖是要利用激情來揭示現實。禱告就是個好例子，當你用全心全意來禱告時，你的祈禱往往也能得到回應。這確實與情緒無關，而是純粹的愛所致，帶著情緒無法約束更高層次的共鳴能量，因爲你不夠眞實。世俗的一切都務必要達到一個令人滿意的境界，就如你在鍛練身體時，也要砥礪你的神性一樣。

潘大感驚訝。她對狄倫說：「你竟是如此大氣！」他卻回答：

妳的內在有某種程度的意識超越了情緒，那是以光的頻率爲基礎，但是妳卻因爲「所學」的東西而棄此不顧。妳必須開始找回最初的平衡，這將會幫助妳改變從松果體內部向外發出的共鳴，而松果體正是生命之河的開端。

潘問道：「有這麼多的人你可以跟他們對話，為何選上我？」狄倫回答：

潘！當妳在尋求了解發生在妳身上的那些事時，妳就將自己的名字投射到宇宙去了，妳以爲妳是在向上帝求助，但我們「全部」都是上帝。你們當中有許多人現在能夠聽見我們說話，妳必須要用心傾聽，因爲我們可以幫助妳。那些在你們世界中正要開始覺醒的人，已經開始記起他們是誰了，而他們所要做的也只是恢復記憶而已。停止自我耽溺，也別爲我哀痛，反而要恭喜我！安慰我的父母，他們才是此刻需要妳的人。直接注視那些前來拜訪妳的靈球體，妳與他們之間的溝通是從腦前葉開始，妳必須對它們敞開胸懷。這並非DNA的一種變化，此時妳特有的諧波調號已響徹全宇宙。我以這種方式離開，透過我的生病與過世來影響整個社區，這是我做出的選擇。大家的生命都被永遠改變了，而每個牽涉進來的人現在都有一個選擇，就是該拿這些經驗怎麼辦？這不僅影響了我的家庭，也影響了朋友、鄰居與整個社區。比如說，看看和我會面後，在妳身上所產生的影響。

慢慢地，隨著狄倫愈來愈往外走回他想要去的地方，潘與他的溝通也逐漸微弱了下來，接著他就離開了。

愈來愈多這樣的小孩與我接觸，能聽到他們聲音的人也增加了。我們發現要連絡那些孩童相當容易，整個過程就像是送出一個念頭，然後就靜待回音，而且幾乎馬上就能得到回音。這些孩童所展現的覺知能力確實驚人，就好像他們無所不在、無時不在。

新的靈球體來了又走，而其中有些還陪伴著我們每個人。他們熱切地說出他們必須說的話，其中有多位孩童表示，他們此生的唯一目的，就是幫助我們記起愛、記起我們是什麼人，以及記起要發揮人性就得比現在的我們更加努力。

注釋

①全息圖／全像圖：英文的hologram是由希臘字holos和gramma兩字組合而成，意指「全部信息」。全息圖是一張照相底片，在普通光線下只是灰濛濛的一片，並無圖像。但是用一束調好角度的雷射光照射，就會出現浮立空中的影像，使人產生立體感。三維的全息圖包含了被記錄物體的尺寸、形狀、亮度和對比度等資訊，能精確顯現原來被拍攝的物體，並可貯存大量資料，許多科幻電影中均以全息圖做為未來儲存訊息的載體。

②「曼德布洛特集」（Mandelbrot set）是在複平面上組成分形的點的集合，可以用美麗的圖像顯示。從數學上來說，曼德布洛特集合是一個複數的集合。它是碎形幾何中的經典集合，是一個在複平面中通過對方程式 $z = z^2 + c$ 進行迭代產生的圖形。

③薩滿教（Shaman）是一種涉及診斷、治療等能力的民間信仰活動，相傳薩滿祭司擁有控制天氣、預言、解夢、占星，以及旅行到天堂或地獄的能力。

第四章 水晶小孩

你在你自己外面所學到的東西，並不重要。
你從內在所學到的東西，才會告訴你眞相。

——凱蒂，水晶小孩，六歲

什麼是「水晶小孩」？

為什麼我們稱某些孩童是「水晶小孩」？我們每個人都有個能量場，既在我們體內也在身體周遭，當我們體驗生命時，能量場會隨之擴展與收縮。能量場內部的顏色並不一樣，端視我們的能量構成而定，最主要是保持彼此和諧的關係。顏色是頻率，而頻率有聲音，經由引力的關係與能量模式，所有這些聲音會聚集起來，並為每個人建立一組獨特的諧波關係（harmonic relationship）。沒有兩組諧波關係完全相同，這些諧波關係使每個人在宇宙萬物中成為獨一無二的個體，不會有人跟你一模一樣。總之，任何人體內的任一組諧波，都是頻率無窮無盡的組合。

水晶小孩體內的諧波關係非常特別。他們具有全光譜的色彩，如果你能看到他們的能量場（我可以做到），你會看到一批批的能量，大部分都呈珠寶的漂亮色調，彷彿五彩燦爛的彩虹光。不同於他們的前輩，水晶小孩不會擴展或收縮他們的能量場，他們的能量場移動時有橫掃千軍之勢，很像掃過夜空的探照燈光。請試著想像，這些能量場具有以全部頻率橫掃宇宙，將蒼穹納於掌中的能力！

我在《光之金字塔：對多維現實的覺醒》一書中，曾經談到能量是光，而光有記憶。我們都是由能量所組成，因此我們就是光。光是以能量的形式散布，對大部分人而言，我們的能量或光，從能量最早發散的頻率層級開始，都是以螺旋狀移動來達到光譜的頻率，能量有秩序地前進移動，直到最後變成白光或完美的能量。白光涵蓋了一個完整的光譜，就和本源（Source）的能量（即上帝的能量）或任何完美的能量一樣。

彩色的光譜是金字塔形結構，包含著以一個螺旋體形式移動的能量。金字塔的基本頻率（螺旋體最寬廣的部分）是紅色，因為此頻率的週期長又緩慢，聽起來的聲調非常低。如果我們從基本頻率開始消耗能量，此能量將會穿過整個彩色的光譜，一路呈螺旋狀往上移動，最後會沿路變成各個頻率。此一能量穿過紅、橙、黃、綠、藍、紫、紫羅蘭、白與所有的中間色調。沒錯！我們脈輪系統的顏色和能量頻率的路徑完全相同（參見圖二）！

水晶小孩的能量場涵蓋了全部的光譜顏色，但此模式有種變體，表現出此一特性的孩童通常被稱為「彩虹之子」（Children of Rainbow）或「彩虹小孩」（Rainbow Children）。彩虹小孩與水晶小孩之間有某些細微的差異，但就本質而言，他們都是同一種人。兩者的差別在於，水晶小孩的能量在彩度或運動上都極為鮮明活潑，而彩虹小孩的能量強度較弱，顏色也較淡，運動時更難以捉摸。彩虹小孩是更進化一點的一群新世代小孩，擁有更高且更精確的頻率模式。總之，這些小孩彼此關係密切，我把他們都當成是同一進化趨勢的一部分。為了閱讀上的方便，我就以「水晶小孩」一詞來統稱所有這類孩童。

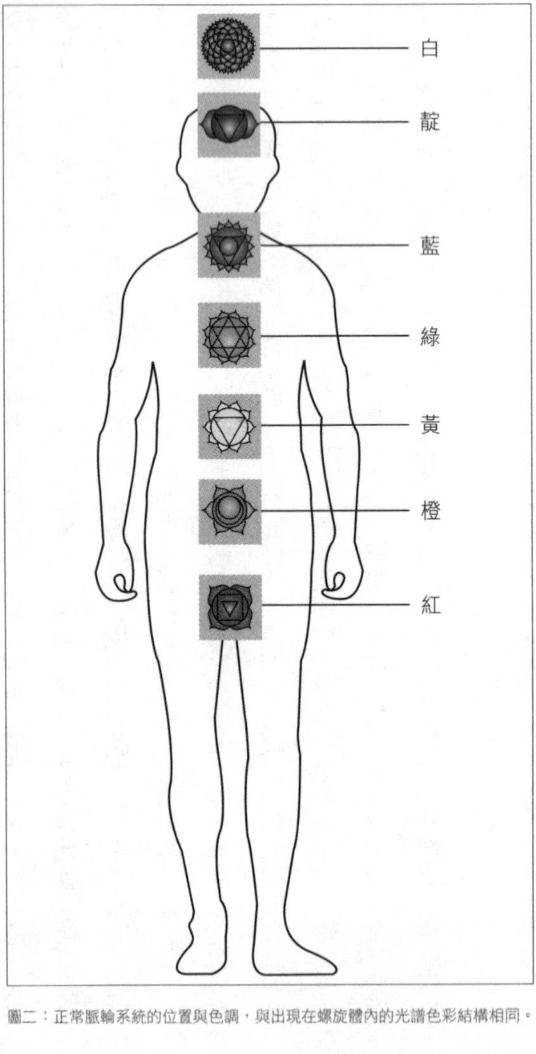

圖二：正常脈輪系統的位置與色調，與出現在螺旋體內的光譜色彩結構相同。

何以水晶小孩如此特別？

我記得以前沒有「時間」的日子。
我喜歡那樣，因為永遠沒有上床時間。

——艾立克，六歲

出生前會讓父母「知道」

水晶小孩剛到地球還沒有多久，約在一九九七或一九九八年時開始抵達地球，在我寫這本書時，他們的年齡約為八歲或更小。這些小孩在出生前經常出現在父母親的夢中並與他們心靈感應，或只是讓父母「知道」他們即將誕生。這種感知能力，通常只會發生在熱切期待新生命的母親身上。這些即將誕生的小孩在懷孕成胎前，通常會以父母或其中之一的名字為自己命名，他們也常常會將其他特別的訊息帶給滿懷期盼的雙親。

出生時會出現光

水晶小孩出生時，創造了一種能量轉移。我認識的一位助產士，就真的看到水晶小孩出生時，房間裡出現了光。有的嬰兒在出生時，因為能量轉移的力量太過強大，還會讓待在現場的人明顯感受到短暫的感官失衡。水晶小嬰孩一般都非常冷靜且警覺，在他們出生後，幾乎馬上就會緩慢且謹慎地查看房間，一對眼睛似乎承載著年長者的智慧，一旁的人馬上就能感覺到他們的強大力量及平和。他們對所扮演的「角色」十分投入，旁觀者常會留下鮮明的印象：他們是帶著某些非常特別的東西來到這個世界。沒錯，他們確實有！

擁有湛藍色的眸子

水晶小孩通常（但並非一定如此）有一雙非常、非常藍的眸子，其中有許多我稱之為「湛藍」色。他們是當我們在沃爾瑪百貨商場（Wal-Mart）的走道或排隊結帳時，會看著我們，感覺他完全認識我們的那種小孩。當他們看著我們，並以一種喚起我們內心深處記憶般的眼神緊緊鎖住我們時，似乎瞬間照亮了我們。就在我們為水晶小孩的眼神深深著迷時，他們的雙眼傳達出一種出於本質、超越時空的澈悟，而它通常會令人目不轉睛。

生來就是「全知」

有些水晶小孩幾乎生來就是「全知」，換句話說，他們和此一次元以外的乙太世界（etheric world）①依然保有完全的聯繫，而且他們對自己直覺的第六感，甚至是第七感，有一種令人驚奇的掌控能力。他們也很快就知道，很少人能夠了解他們。

嬰孩時期，水晶小孩（如同其他的孩童）的家人與照護者最常以牙牙兒語，以及傻里傻氣的玩具與他們溝通。這些脆弱的小朋友，很快就退縮到他們的內心世界，他們在那裡可繼續和三維世界之外的世界溝通與互動。

甜蜜的接觸，沉默的溝通

水晶嬰孩經常會向我們伸開雙手，好像他們早已認識我們一樣。我還記得有一天，我正走在塞多納沃爾瑪百貨商場的走道上，同走道的一輛購物推車上坐著個很可愛的小女孩。她有一頭柔細的淡金色頭髮，還有一雙湛藍色的清澈眼睛，可能只有十或十一個月大。她媽媽當時正專心地看鞋子，完全沒有注意到其他事情。

小女孩一直盯著我看，我聽到心靈感應的聲音說：「嗨！」我微笑並回應她。我們開始展開一場心靈對話，當我們這麼做時，她還伸出小手抓住了我的手，並且不肯放手。所以，我就站在那裡陪她。透過心靈感應，我告訴她，我也記得她。她笑出聲音，然後告訴我，她真的很無聊，還不太能適應現在這個處處受限的身體，她出發的地方要比現在這個地方「寬廣」多了。想像一下，她正在描述來地球之前所在的地方！

我們繼續進行無聲的交流，直到她媽媽終於找到所要的商品。後來，她媽媽要繞到商場的另一區，看起來似乎不介意我和她的小女兒之間看似正在進行的無聲交流，我們當時正四目相望，兩人都笑容滿面。小嬰兒緊握著我的手不放，在稍加勸哄後，我才能從她緊緊抓著我的小手指中脫身。當她媽媽推著她往走道走下去時，她仍然一直看著我；繞過轉角時，她還是斜著身子，目光從轉角處飄過來，並咧著嘴笑。她傳送給我的訊息是：「我會再見到妳！」對水晶小孩來說，這種形式的互動相當普通。他們具有心靈感應的天賦，如果你能靜心傾聽，也可以跟他們好好交流。

我最近參加一個朋友的家庭派對，抵達時已經遲到了，每個人都已落坐在屋子裡的各個房間吃著餐點。我環視四周想找個位子，這時發現在日光室裡還有個位子，就直接走了過去。當我坐下時，注意到旁邊有個小女孩，正坐在溺愛她的祖母膝上。起初，她背對著我，和坐在隔鄰的祖父玩耍。這個小朋友個子很嬌小，體型完美，有一頭纖細的暗褐色頭髮，散發出有如小精靈般的淘氣能量。她的五官外貌沒有一般小孩的嬰兒肥，看起來就像個小大人。我只是在一旁觀看，就能感受到這個可人兒的能量場。她的能量十分強大，而且很快地就進入我的私人空間，我平靜地將調整好的頻率對準她，忽然間，就好像有人在輕拍她肩膀般，她轉身以藍得發亮的眸子直視著我，並以心靈感應打招呼：「嗨！」

「妳好啊！」我回答。

我們的互動持續了約十分鐘。我們開始了一段美好的對話，內容包括彼此的記憶，她還告訴我，她很享受別人對她的注意，但她希望人們能跟她談更多重要的事情，別再以童言童語來對待她。我們笑得很大聲，但對房間的其他人來說，我們看來就像在比賽互瞪眼睛一樣。事實上，我們之間的互動讓保守的祖母非常不舒服。她說她的孫女只有六個月大，還不知道瞪著人看是不禮貌的行為。我從和新朋友的互動中驚醒過來，有點不知所措。一個小嬰孩，不禮貌？你能想像嗎？如果她能了解那就好了！當我想到這個老祖母必須向小女孩多多學習時，不禁自顧自地靜靜笑了起來。難怪這個天賦優異的小孩會選擇這個家庭！

記得我的孫女大約一歲半時，曾在我家待過一陣子，我當然很高興能與她共度獨處的美好時光。有一天，我們兩人坐在地板上，一起玩著大型的樂高玩具。我們沒有說話，只以心靈互相溝通。當她注視著我時，我聽見她說：「我要那邊藍色的那一塊。」而我會將她所要的那一塊積木遞給她。然後輪到我時，我也透過心靈告訴她，我想要那一塊顏色特別的積木。她同樣沉默地將一塊顏色正確的積木交給我，我高興得幾乎不能自已。

這樣來來去去持續了約半小時，我們依然維持著沉默卻完美的溝通，我愈來愈興奮，我開始想像我的孫女真的可能天賦異稟。因為分神，我就隨手拿了一塊積木交給她。從我們坐下後，她首次開口說話：「奶奶！這不是我告訴您的那一塊！」在漫長的沉默後，她說話的聲音讓我覺得好突兀——她可真是會支使人啊！我笑了起來，將正確的那塊積木遞給她。

天賦與前世記憶

水晶小孩有很強烈的直覺，也在意自己的感受。他們極端敏感，可以體驗周遭所有人的感受，例如情緒能量、意圖、動機等等。多數時候，早在我們有所感覺之前，他們就先一步知道了我們的感受！他們也很容易產生移情心理，換句話說，他們可以確實感受到別人精神與肉體上所承受的痛苦，因此他們是愛心與和平的使者。一旦有人受到傷害，他們也會跟著受傷，因此他們會竭盡所能地維持關係與環境的和諧與平衡。對這些孩童而言，衝突會帶來極大的傷害，而他們會盡量避免發生這種不愉快的情況。

水晶小孩往往會因為太過敏感而突然生病，通常會發高燒，或染上一些看似不符醫學常理的奇怪病症。那是因為他們的覺知能力不是只有「察覺」而已，事實上，他們所體驗的一切都深入內心，幾乎一切感覺都很深刻。由於很多兒童不被認可，不是受到漠視、貶抑，就是被過度保護，到最後只能將他們的感情深藏在心中。他們的痛苦最後會表現在生理方面，例如莫名奇妙的生病、無法解釋的疾病，那是因為他們承受了超過身體所能負荷的重擔。

好消息是，我曾看過不少這類的兒童運用一種瞬間且微妙的治療能力，這是令人驚奇的另一項天賦。他們做起來一派自然，不用說一句話，只是輕輕一個碰觸，有些人甚至只是看一眼，就能自然且立刻治癒疾病。以下是個極好的例子，節錄自我所收到的一封電子郵件，發信人是一位水晶男孩的祖母：

我再次目睹了十八個月大的麥可所進行的治療。我的媳婦有個大家庭……她的姨婆遠從加州來訪。姨婆的肩膀因爲車禍受過傷，接受過外科手術治療。當我和麥可在客廳的另一端玩耍時，姨婆的姐姐（麥可的另一位「奶奶」）正在替她按摩肩膀，我不知道小傢伙當時是否注意到房間另一端發生了什麼事。按摩告一段落後，麥可從容不迫地朝著姨婆走了過去，故意用他的小手輕撫著姨婆結疤的地方。他就這樣來回走了兩遍，體貼地完成了他的治療。姨婆姐妹倆驚訝地坐在那裡，我微微笑著，心裡知道我剛才觀察到了我的小「金」孫（他有一頭鬈曲的金髮），自然而然地就做出了這些事情。

能量的舞蹈

有些水晶小孩已展現出掌控能量的驚人能力，我的孫女則以一種引人注目的方式顯示她的記憶。有一次音樂開始播放後，就像有人輕輕打開了開關一樣，她自動地閉上了眼睛，雙手緩慢、流暢且有意識地移動，就像她要獻上的是一段祈禱舞。她的雙手合什，身體開始隨著音樂擺動，動作專注且優雅，彷彿是凌波仙子下凡。她肢體的協調度，遠超過我們所認定的「適齡發展」，親眼所見，讓我不禁嘖嘖稱奇。她跳著舞，隨著體內與周遭環境的能量而移轉、擺動，小小的身軀，動作是如此流暢，就像是風的一部分，也像是宇宙間的氣流。那是我所見過最美麗的畫面！她似乎一生下來就能掌握如太極拳般的流暢動作，所有動作一氣呵成，簡直就是「優雅」二字的化身。

在場所有人幾乎都被她小小的身軀給迷住了，不管認不認識，大家都停下手邊的工作，停止了談話，全都目不轉睛地看著她。當我們這位小小大師從容、美妙且協調地擺動她的雙手與身體時，看起來就像是轉化成能量一般。這是自然、不受妨礙的真實動作，當她以雙手與身體將能量聚集起來時，還能溫柔地控制它的移動與變化，旁邊的每個人都能感受到這些變化。

另外還有一次是在一個戶外節慶場合，當時有個樂團正在演奏，數百個人擠在公園裡。突然開始下起大雨，每個人都忙著跑開躲雨，只有我們這個小小大師還是合起雙手，閉著眼睛，變成音樂、雨、地球與天空的組成部分。她在小山丘上跳著舞，在傾盆大雨中全身溼透，卻全然不在意任何人與任何事！我看著她，感覺就好像她轉換到了另一個時空。此刻是如此美麗，我站在那裡，感動得淚隨雨下。此時此刻，為何卻找不到我需要的照相機呢？

富有同情心與公平觀念

水晶小孩從心出發。他們非常富有同情心，且有根深柢固的公平觀念。他們似乎擁有每個人的善良本性，但另一方面，當他們知道受騙後，遭背叛的感覺也會讓他們很受傷，無法理解為何別人不能以尊重與了解的方式來對待自己，甚至他們還會把所覺知到的任何負面情緒，都當成是針對自己而來。水晶小孩似乎覺得自己必須對其他人的感受負責，而將這些感覺深藏在心裡；他們也會表現出超齡的社會意識與慈悲。

我最近才跟一位媽媽談過話，她想要跟我分享她小孩的不凡故事。瑪姬很早就認出她小孩的天賦，而且還持續地記錄成日記。她問我，我的研究還需要些什麼？我告訴她，我最需要的是這些天賦異稟孩童的相關描述，比如他們如何看待這個世界，還有他們在日常言行上有哪些令人印象深刻的表現。瑪姬告訴我，有關她兒子彼得的一個美妙故事。

有一天，他就讀的學校打電話到家裡來，說學校將舉辦一場食品勸募活動。她說了一些話回應：「當然，這會是個成功的活動，我也會參加。」但校長卻說：「等等，看來妳不了解我在說什麼，這個活動是彼得發起的！」瑪姬吃了一驚。彼得當時大約十一歲。後來瑪姬當面稱讚彼得所做的事情，他解釋自己的想法，他說雖然他的家人與同學都能擁有所需要的一切，但其他人則沒能這麼幸運，如果所有人都能分享他們所擁有的東西，那麼所有的人都能受惠。

我還記得有天下午，我六歲大的孫女打電話到家裡給我，告訴我她寫了一張便條紙給老師。我說這很好啊，心想這次她大概也跟往常一樣只是寫著一些自己的事。我孫女繼續說，這是因為她注意到老師的情緒有點緊繃，那天班上有群孩子在課堂上不注意聽講，破壞班上的秩序，老師因為倍感壓力，所以一直發脾氣。我孫女說，當她笑著把便條紙交給老師時，老師也笑了，剛才的緊張感不見了。那張便條紙完成了使命，轉化了當時的緊繃情況，讓能量從緊張轉化為輕鬆愉快。這種行為，正是標準的水晶小孩會做的事情。

水晶小孩具有社會意識且通曉世事，是實實在在的和平天使。他們深富正義感，凡是講求公平，展現出閱歷豐富的成熟智慧光芒；他們還常常在沒人指導或鼓勵的情況下採取行動，令許多人大為驚訝！

隔空傳物的天賦

利用意志力來移動物體的念力②，或從一地消失並在另一地現身的隔空傳物③雖然不常見，但這些確實是水晶小孩偶爾會展現出來的天賦。

曾經有個祖母寄給我一份電子郵件，她說她女兒最近才剛生產。她告訴我的事實在令人難以相信：她的女兒女婿晚上將小嬰兒安頓在嬰兒床後就上床睡覺，但夜裡醒來時，有時卻會發現小嬰兒正舒服地蜷伏在兩人中間熟睡著！這對父母整夜都沒有下床，所以是這個小女嬰隔空把自己移到爸媽的床上。

「透視」的能力

你小時候曾經擁有「看不見的朋友」嗎？或者你曾見過我們的小孩與「他們」互動？難道他們真的只是想像，還是真有什麼事發生？本書中所討論的多數兒童，都擁有「透視」的能力。這是指他們的知覺並未受到此一次元或現況所箝制（我所謂的「現況」，是指發生在三維世界當下的情況）。我不止一次從照護者、父母、老師或其他地方，聽到有關水晶小孩與他們「看不見的朋友」進行微妙互動的故事，我本人也經常遇到這些孩童。事實是，這些「朋友」之所以看不見，只是因為我們平常人的眼睛不夠

「開放」，才會看不到那些孩童所能見到的狀況。

有個我認識的小女孩，從一歲多起就開始和天使說話。她曾在許多場合中，指著室內的某個角落（通常是天花板）說：「那裡有個天使，是個女孩。那邊還有一個，是個男孩。祂們在這裡看著我們。」一般情況下，通常都會有好幾個天使一起出現。這種情況持續了好一陣子，後來被嚇壞的媽媽告訴她說天使不是真的。但小女孩卻回答：「哦！祂們是真的！我真的看見祂們了，祂們也看到我了！」

有些小孩可以看到或聽到不屬於這個世界的另一個空間，並與之交談。其中有些孩子會說出非地球的語言。事實上，我就曾在幾個場合中親眼見到兩個以上擁有這種天賦的小孩，他們彼此間以非地球的語言交談！情形就像「他鄉遇故知」一樣，他們認出對方同樣來自另一個時空，所以使用他們的母語交談。我曾接到一位媽媽寄來的電子郵件，描寫的正是這一類的神奇故事：

我將我孫女瑪麗亞的照片和資料寄給妳，她到九月二十五日就滿四歲了。我曾試著和她談過她那些想像的朋友，我問她，他們從哪裡來？她說，他們已經過世了，他們來自天堂。她最常談到的兩個人是唐娜與希比，她知道他們所有的故事，包括他們的父母和家庭……這些朋友經常跟我們同處一室，不是在她家，就是跟著她來到我家。我假裝我知道他們就在這裡，假裝自己能看到他們，還跟他們談話。

水晶小孩經常會聽見及看到他們的指導靈，彷彿這些指導靈就存在於三維空間中。隨著這些孩童與其他世界的互動，他們對生命與存在的認識也更為廣博深入。他們的智慧難以想像，這些孩童並不認為自己和那些來此找他們的大師與指導靈有何不同，他們覺得這沒什麼大不了的，因為對他們來說這再正常不過了。在這類故事中有個我最喜歡的故事，講的是一個小男孩在深夜跑進爸媽的臥房，興奮地宣稱耶穌剛剛現身給他看，並詳細跟他解釋宇宙如何運作。男孩的媽媽激動之下，問他耶穌剛才說了些什麼，卻沒得到任何回應，她看向小男孩，才發現男孩已經沉沉進入夢鄉了！不，這不是夢，對這個男孩來說，這個經驗也沒什麼了不得的，因為他一直都在體驗這類的事情，他媽媽只是太過興奮而已！

這裡還有個紐西蘭母親所說的奇妙故事（當我在紐西蘭進行教學之旅時，曾有幸借宿在她家，也高興能夠認識她的孩子）。

有天，我和她一起散步時，看到一道美麗的彩虹。她從幼兒手推車中一躍而起，高興地說：「媽，快看！這是上帝的諾言！」另外一天，我們一起在家裡玩黏土，她忽然看著我說：「妳知道嗎？媽，上帝不是男人也不是女人，上帝是一大團光芒，當妳出生時，祂會從那團光團中取下一小片，並將它交給妳。」我好喜歡這個故事。

我當時透過一系列的週末講習會，得知一種新的能量形態。我們的活動之一就是和自己的動物圖騰聯結，並與這個能量一起移動。我發覺自己聯結到老鷹，但有某個地方出了差錯，我無法舉起雙翼，根本飛不起來。這讓我很困擾，很想知道是什麼拖住我，那就好像有人綁住了我的雙臂一樣。我去請教老師，然後我們決定進行個人療程，看看可不可找出解決方法：療程期間，眞的有一股負面能量抓著我，我花了很大的力氣且必須吞下聖灰來消除那股力量，最後我和老師都感覺到它離開了。我們對此一療程的結果都很滿意，也同意我應該帶一卷遠古吟唱的錄音帶回家，以便淨化我的房子。我聽不懂歌詞唱些什麼，不過我認爲那應該是梵語的吟唱。

那一晚，當我正要哄我的水晶小女孩上床時，我爲她播放了那卷卡帶。以往當我送她上床時，通常她都會過了好長一段時間才能入睡。讓我驚訝的是，那晚她和泰迪熊玩到一半時忽然停了下來，開始跟著旋律吟唱。她完全知道那些歌詞！唱歌時，她的眼神清澈而平靜。當她停下來後，直直地看著我說：「媽咪！妳現在得到妳的翅膀了，妳可以飛了。」坐著的我驚訝得下巴就快掉下來了。她的雙眼閃亮，笑著俯身向前，對我小聲耳語：「我也可以。」我還沒回神過來時，她早已安靜下來且馬上就安穩地沉睡了。

已揭露的景象不是只有天使與指導靈。因為水晶小孩具有多維覺知的能力，有些兒童可以有意識地接觸任何存在的位面。還記得我們小時候，總認為自己的房間裡有怪獸嗎？當時還要爸媽來房間檢查，重新關好衣櫥，將窗戶四周的窗簾緊緊塞好或者檢查床底下，並向我們保證房間裡沒有任何其他的東西。

最近我還聽到有不少孩子，一到晚上似乎就對臥房或房子裡的其他房間懷著莫名的害怕。有這種感覺的小朋友，人數似乎呈直線上升，我想這是因為有愈來愈多的孩子擁有較高層次的意識。他們不僅能覺知我們現在生活的這一現實，還發現了其他的現實位面；他們可以看到或感受到其他的世界、來自其他世界的生物，以及被改變的種種現實，還知道一些不可能是偷聽到或學習來的事。我們最好要多關心他們！他們真的知道自己在說什麼，我們會半信半疑，就只是因為大部分的成年人都沒有經歷過那些事，但這並不意味著他們所言非實。

思考方式與能量的移動方式相同

由於他們的天賦甚高，水晶小孩的想法也不同於其他人類，他們的思考方式與能量移動的方式相同，都是採區塊式與全息圖的方式，就像活海綿般，與其他人及他們的環境互動。輸入的資訊會應用在腦中與此訊息最息息相關的各區塊中，當他們覺知到有看似不具意義的訊息片斷時，這些孩子會自動地將這些訊息片斷儲存起來，做為將來的參考。每發現一塊拼圖都會儲放起來，如此類推，直到整幅圖片浮現。

由於他們是以不同的方式來處理資料，因此有很多的孩童完全遭到誤解。許多這樣的兒童，被迫服用立得寧（Ritalin）④等藥物，好讓他們冷靜下來並集中注意力。然而，藥品並非解決之道，問題出在我們撫養他們的方式，沒能考慮到他們的覺知程度。相反地，我們卻試著要把他們擺進社會期望的小框框裡，而這些框框是以無法且不適用於他們的規範作為基礎的。現在是我們該改變的時刻了，我們必須採用不一樣的新規範，來培育這些孩子的天賦。

經常有父母或兒童照護者要求我幫忙治療那些對環境適應不良的孩童，我發現這些孩子通常是因為太敏感，使得他們的能量場受損或形成與眾不同的能量場，而肇因通常就是圍繞在那些孩童身邊的人，最根本的原因可能就只是缺乏覺知能力。我有一次就和這樣的家人一起努力建立覺知能力，並教他們如何去支持才華洋溢的孩子，多數父母從此不再強迫他們的孩子去適應那些整齊的小盒子，每個人也覺得輕鬆許多。通常這是因為父母最後終於了解，他們的孩子沒有什麼問題，反而是他們與生俱來的天賦還能對這個世界有所貢獻。在卸掉這些壓力之後，這些孩子都能自由自在地做真實的自己，甚至展現出更進一步的天賦。

本書中所描寫的兒童，並未準備要向社會所認定的框框看齊，事實上，他們也做不到。投藥治療無法改變這些孩子，只會鈍化他們的差異性。時間一久，當這些兒童因為多次受挫而氣餒時，就不再使用他們的天賦，其中更有許多人被迫要適應所謂的「正常」生活，那時他們就會開始忘記他們是誰。很快地，他們就會關上通往其他現實的門戶，變得就像一般小孩一樣，糟糕的是，因為壓抑使得這些孩童長大後還會出現問題。他們也許會發展出自我價值的問題，沮喪、感覺不受重視，或心中認為在這世界裡的所有一切都不對。我們必須記住，在我們的新演化過程中，沒有什麼是「正常」的。對於「現實」的真正看法，不可避免地要和體驗者的看法連結在一起。當父母、老師、照護者等與小孩子關係密切的人都堅持「正常」的看法時，這些小孩一點機會都沒有！

水晶小孩思考事情很快，讓他們看起來就像從一個題目馬上就跳到下一個題目，所有人都很難跟得上。他們的覺知能力很強，有深刻的感受力與迅捷如光速的反應，因此不能受到愚弄。當我的孫女五歲大時，有天下午，我們有一場嚴肅的談話。在我們談話的過程中，窗外有東西吸引了我的注意力，有片刻時間我分神了，我甜美的小孫女當時正在問我一些她認為很重要的事情。我搖搖頭，抖掉我的思緒，她注視著我，清澈的藍眼睛中有一種「您什麼事都無法瞞過我」的神情。由於心有所思，我以「反射性的」成人觀點回答她的問題，沒有花時間真正從心底找出答案。對一個成年人來說，提出一個簡單的答案要比冗長的討論容易多了。我的孫女馬上說：「您沒有告訴我實話。我看到它穿過您的腦子，然後從您的眼睛出來！」我當場被活逮，老實說覺得有點窘。她當然沒錯！我道歉，並告訴她我真正的感受。我絕對不會再犯！

一般來說，水晶小孩的左右腦可以平衡得很好，他們的智慧通常很高，而且以真正公平與完全發自內心的感受來處理事情。他們能馬上理解全部的情況，甚至包括所有細節，所以他們對於線性的推論沒有太大耐性。他們也很可能會得出某些出人意表的深刻觀察，以下是我從幾個熟識的兒童身上所得到的例子：

★生命並非是林林總總的事情與東西，生命是關於盡我們所能地愛我們自己與別人。

★我希望人們能夠了解，當他們生氣、快樂或悲傷時，他們是眞正地把這些感覺與周遭所有人分享。感情就是能量，而能量會移動。

★如果我心中有上帝，那麼我一定也是上帝。這表示我眞正是我所有創造物的主人！

水晶小孩的困境

對水晶小孩來說，正常學校的教室環境會讓他們適應困難，首先是老師會要求他們安靜坐好，並以死背硬記的方式來學習。對他們來說這是不可能的，而當他們以消極、沮喪的情緒來行動時，就造成了社會問題。他們是概念上的思想家，並擁有迅速掌握全部資訊的能力，不需要被逐字逐句的指導。請記住，他們能覺知所有人與所有事，已經大量輸入了我們多數人所沒有的資訊。

第二點，不論學校有沒有圍牆，大部分學校的環境還是刻板的。對這些孩童來說，刻板的環境會讓他們感到冷酷，無法親近。最後一點，水晶小孩擁有可以同時進行多項任務的能力，所以他們可能看起來似乎無法專注，很快地就會從一項活動轉到另一項，但又不會放掉前一項活動。他們還往往會在某些吸引他們注意的地方，留下玩具和其他物品，而這可能會讓想維持環境整潔的老師與父母抓狂！

飲食是另一個問題。水晶小孩的「食性」，比較起來更像鳥而不像人類。他們喜歡「少量多餐」，每次只吃一點點，但要吃很多餐，而且根本不想坐下來享受一整份套餐。對他們來說，一份三道菜式的晚餐通常太多了，這會讓他們吃到反胃。許多水晶小孩對有些食物特別挑剔，他們似乎知道自己需要什麼。我們會在稍後進一步討論。

水晶小孩普遍都留有前世與「家」的記憶，幾乎所有的水晶小孩都會在某一時刻或多次表達想「回家」的希望。他們的父母告訴他們：「但是，寶貝！你就在家裡。」這些孩子會信誓旦旦地回答，他們其實不在家裡。有個母親當兒子再次詢問他何時可以「回家」時，就問她兒子他所記得的「家」到底是什麼？他說：「我最記得的是，我感到很自由自在！」而另一個小孩告訴他在地球上的父親：「我記得我真正的父親，他永生不死。」

當我們研究形而上學時，老生常談的一句話是：「我們選擇了自己的生命，也挑選了自己的父母。」大家都會好奇，這是真的嗎？還是只是某人的虛擬版現實。但在花許多時間與這些孩子相處後，我想毫無疑問的，不管那裡是哪裡，一定有某些奇妙的事情正在發生。我很愛引用一個水晶小孩的話，她是溫柔又非常有才華的克莉絲汀娜，她在很小時就說出這樣的話：「當我在『上面』挑選要出生的新家庭時，我看過許多人，但我知道你們都是很好的人，所以我選擇你們。」

我認識她的母親。嗯，她說的沒錯！

「愛」是所有問題的真正答案

溝通人世與天堂的尼可拉斯

（尼可拉斯．史遷士幫本書寫了前言，他的洞察力與美麗從心散發出來，擴及全人類，能得到這些增添本書光彩的文字，讓我倍感榮幸，言語無法形容。本書收錄的所有尼可拉斯文稿，都得到其本人與家人的同意，他們保有與保留尼可拉斯作品著作權的權利。）

約在靈球體引起我注意的同時，尼可拉斯進入了我的生活。當我上網搜尋資料時，網路上有一系列的鏈結，帶領我來到尼可拉斯的網站。網站上的參考文獻並未出現在我預期會出現的地方，但有個熟悉的標籤立刻引起我的注意。

當我點進他的網站時，第一眼看見的就是尼可拉斯的照片。第一眼，我就覺得他是個充滿愛與慈悲的孩子，我的心馬上就毫無保留地被他搶走，好似我和尼可拉斯早就相識多年。透過電子郵件的往返及他的母親蘇珊，我們立刻就親密了起來。

我的朋友尼可拉斯是個相當奇特的小孩，一個真正的水晶小孩，他的人生目標就是教導人們「愛」。尼可拉斯不能說話，但從很小開始就能以富有張力的文字與人溝通，還能寫出奇妙而美麗的文字。他內心最深處承載著深不可測的智慧，對外面的世界則散布他的大愛。他的訊息提醒我們，我們並不只是人類中一個孤零零的小碎片，他的文字則提醒我們每個人的「完整性」（oneness），以及保持此一「完整性」的重要，他以溫柔的話語描寫出最偉大的真理。尼可拉斯打動了許多人的心，他的作品都是從天堂的光明處擷取文字，將之轉化為人類的語言。他本人就是「一」的真理。

尼可拉斯四歲時，就寫出了以下的句子（有個朋友幫他拼字）：

愛，感動了我
愛是美麗，
愛是平靜，
愛是觸動，

它流過了我的全身！
在我之上，於我之中，
它感動了我，
予我重生，
我為「一」。
（尼可拉斯．史遷士所作；他的朋友蘿拉．巴特森協助。尼可拉斯與家人保有所有著作權。）

尼可拉斯就是「愛」，他是人世與天堂之間的橋樑，而他大膽地以無比的真誠這麼做了。他無懼於告訴世界自己所知道的事，而他的天賦是無價的。尼可拉斯六歲時出席第五屆世界氣功大會，對著兩百多人演講，並接受了大家的起立熱烈鼓掌。在出席這次活動前不久，尼可拉斯因為對「兒童與青少年治療與和平計畫」（Child and Youth Project for Healing and Peace）的貢獻而獲頒獎項。

為何人需要自然的治療？

自然是達到調和的最佳途徑，自然代表了上帝的愛與完美的秩序。當一個人與自然融為一體時，可能要花些時間來感受它的完全存在，但相信我，它就在那裡。自然有其不可思議之美，它有上帝完整且井然有序的神性呈現。上帝所賜給我們的這個禮物是如此地了不起，它就在那裡，供我們治療與讚美。我們必須以最大的愛與祝福來接近自然。然後，當自然感受到愛，它會繼續提供我們綿延不絕的生命作爲偉大的回報。

治療發自於內心，因而我們的參考點一定就是天賜的自然與上帝。對我來說，這兩者幾乎是相同的。治療來自於自然與冥想，冥想就是答案，它帶來最偉大的知識，帶來宇宙的智慧，從此處我們可充分借鏡。智慧提供我們所追尋的一切，我們可以在這裡找到。所以，下次你與其打開電視尋找頻道，不如冥想進入你無窮無盡的力量與治療的潛力。感謝你們所有人成爲我的貴賓！

愛

尼可拉斯

（本文版權屬尼可拉斯所有，保留所有著作權，轉載需取得尼可拉斯與其家人同意。）

這篇文章是尼可拉斯九歲時所寫，當時他正要邁步踏上改變這世界的路途。他是我們的「新小孩」，提供我們無窮無盡的愛與無邊的智慧。他只要求我們傾聽與學習，「愛」是我們所有問題的真正答案，而我們正深深地傾聽著尼可拉斯說話。

記得前世的比提與艾立克

關於水晶小孩記得其前世生活與在「天堂」時光的故事，一個接著一個出現。其中一個故事與某個我稱為「比提」的小男孩有關，在我寫此文時，比提約為六歲。就像許多水晶小孩一樣，比提也擁有名副其實的多維覺知。

最近，當比提父親哄他上床睡覺時，比提會說：「爹地，快看！你看到那些穿過天花板的男人嗎？」

爸爸說：「呃，我看不見他們，但是我相信你。」

比提回答：「呃，爹地！他們是從附近的次元來的，不是很遠的那個，而是近的那一個。」

幾年前的某一天，比提跑去找爸爸，說他想去上課學習中文。他說他已經知道如何說中文，但還是需要別人幫助，好讓他能記起來。他繼續告訴他現世的父母，說他曾經是中國的少年皇帝。他告訴父母的細節，都能從歷史紀錄印證。比提後來去上了中文課，而且幾乎是立刻就能說出流利的中文！比提的爸爸、媽媽，你們做得好！

艾立克是比提的朋友，他是另一個天賦異稟的孩子，有天他到了比提家裡。他告訴比提家人一個充滿戲劇性的故事，說他曾和比提一起住在祕魯。艾立克還說出當時他們兩個人的名字，以及兩個人如何躲在一個旅館房間裡的所有細節。他說，當他們藏身在旅館時，有一幫帶著槍的男人衝了進來，用槍射殺他們兩個人。艾立克的故事說得鉅細靡遺，他媽媽後來針對這些細節查證後，真的證明了他所言不虛，顯然艾立克所描述的年代，祕魯曾經發生政治暴動。身為父母，實在很難想像他們的孩子在投胎回到地球當他們的小孩之前，曾經有過令人驚奇的前世。

傾聽水晶小孩所攜帶的訊息

水晶小孩攜帶著偉大的目標而來，而且很願意明確地告訴願意聽的人。他們的目標是：重新為人類帶來無條件的愛，並且透過對「完整性」的體悟，灌輸人類世界和平的理念。他們的照護者，要幫助他們完成目標，並以他們的真正身分、所擔負的任務為榮，這也是我們的責任。水晶小孩的記憶中攜帶著跨時代的智慧，而他們願意毫不保留地提供給我們。

我們要怎麼做？你會聽見他們的訊息，並將那些跨時代的智慧應用在現在的生活、環境與世界上嗎？或者你選擇的是繼續不聞不問，一路關閉通往孩子心中的門戶呢？我們的孩童就是我們的未來，而他們心中的未來、擁有的潛力能夠帶領我們來到一個對人類更好的轉變關口，只要我們願意傾聽這些孩童要告訴我們什麼！

讓我們以他們為榮，並栽培他們，敞開我們的心胸，接受那些孩童可能知道的比我們多更多。切勿因為不了解，就限制了通往更美好現實的可能性。相反地，讓我們對探索這些孩童令人驚訝的天賦保持開放的態度，我們沒有理由要害怕或排斥他們！他們的天賦如此優異，他們都是我們的孩子，而他們帶來的訊息其實我們並不陌生，令人驚訝的是，他們說的那些，我們大部分人都已經遺忘了。

注釋

①乙太世界即指宇宙。以前的人認為宇宙界充滿一種稱為「乙太」（ether）的物質，故以此稱呼宇宙、太空。

②念力（psychokinesis）又譯為意志力或心靈致動、遠距致動，指運用精神力量操縱遠處物體，使之產生移動。

③隔空傳物（teleportation）又譯為心靈運輸、心靈傳動或瞬間移動，意指利用心靈或意念來進行傳送、移動人或物體。

④立得寧（Ritalin）是醫界廣泛用來治療兒童過動病症的藥物。

第五章

辨識水晶小孩的檢查表

★眼眸為清澈的藍色或非常深邃的黑色。他們會定睛看著我們，好像我們以前早就認識了——確實如此！

★對於環境、地球與他人的感受十分敏感。

★直覺超強。

★普遍擁有心靈感應能力。

★具有社會意識。

★對微妙的能量具有天生的掌控能力。

★區塊式的思考方式。

★看似注意力不集中。

★富有同情心。

★無法忍受任何形式的衝突，他們會意氣用事。

★擁有超齡的智慧。

★和平使者。

★一九九七年後出生（有些人年紀會大一點）。

★相當脆弱，常常生病，但找不出原因。

★能量場廣泛，散發出深寶石色調或明亮柔和的光譜顏色。

★通常擁有前世記憶，也記得幾個前世的經驗。

★經常會看見宇宙生物，例如天使、大師、外星人等，還會與之互動，通常會與親密的人談到「訪客」與「看不見的朋友」。
★可能被診斷出患有注意力缺失症（ADD）、注意力缺失過動症（ADHD）或自閉症。
★非常慷慨大方。
★充滿愛心、同情心且寬容大量。
★能察覺人們之間的互動情形。
★擁有毫不費力就能知道事實真相的能力。
★需要獨處的時間以便再充電，或擺脫他們當日的能量。
★容易受傷，但威力十足。
★無法以人為能力對其他人做出殘忍的事。
★熱愛生命、人類與動物。
★必須經常造訪大自然。
★喜歡玩水或泡在水中。
★身邊經常會發生「神奇的事」，比如人們的生活變好、錢會進來，以及事情好轉等等。
★覺得要對外界的事情或其他人的行為負責。
★是人形磁鐵，很自然地會吸引旁人。
★出現時通常會干擾電子產品。
★容易感同身受。

第六章

星星小孩

星星小孩想要讓世界變得更美好，他們努力藉著慈悲與仁慈的行爲來逐步灌輸和平。他們可以感受到地球的能量，並以實際行動來醫療地球。有人願意傾聽時，他們會很樂意告訴我們有關宇宙眾星的種種。

什麼是「星星小孩」？

在天賦異稟的孩童當中，星星小孩是非常獨特的一群。他們的基因結構中有部分被重新喚醒，自星際的起源處帶給這個世界幫助，在未來，這些孩子將會與我們分享新科技，以及我們至今只能初步掌握的科學知識。星星小孩可被定義為一個同時擁有人類與外星人血統的兒童，對於孩子是由外星人所構成的這個部分，有很多可能的原因。此部分可能來自複製、基因工程（有意混合多種人種）、生醫科技、精神感應的意識串連（一個意識附加在另一個意識上的「挾帶傳輸」），或甚至可能精心安排由星際訪客（Star Visitor）化身為人。星際訪客包括某些具有數個平行面向（parallel aspects）[①]的孩童，我們會在後面的章節中討論。

考古學的證據

考古學證據上的斷層，可能意味著在人類進化的某些特定時期，我們在科技、冶金學、煉金術與建築技能方面的大幅躍進，可能與至今仍無法理解的各意識世界之間的傳輸有關。在漫長的人類歷史與進化當中，確實在整個古代歷史的連續體中出現了幾個巨大的斷層。換句話說，有許多能顯示我們實體發展的獨特模式都找不到可以證明的重大證據了。

到目前為止，由考古學家所發掘出來的人工製品，顯示人類似乎就在一夜之間（照進化論的說法）就從猴子模樣進展到現代人類的樣子。在我們的演化過程中，似乎有好幾個階段不見了。舉例來說，在古埃及的墳墓中，我們在牆上找到了寫有操縱能量的證據。在這些壁畫中，你可以看見一人接一人地搬運著發著白光的圓球、散發紅色能量的靈球體，或看起來很像現代電池的某種電子導管。在古代的文本記載中，也有這類的參考文獻。蘇美人的「人種泥版」（tablets of races）中，就有關於阿努納奇人（Annunaki race）的記載，據說他們來自我們太陽系遙遠的第十顆行星。同樣地，在《聖經》第一卷的《創世記》中，也記載巨人（Giants）[2]們從天而降，與人類交合、生子，並創造了一個種系的全新人種，而這些人都天賦異稟。事實上，在古代的文獻記載中，有無數的內容會讓人想到，或許我們在宇宙中並不孤單，而且還受到其他時空的訪客所影響。

在整個人類的歷史及藝術作品中，同樣也不乏星際訪客的蹤跡。許多以宗教為主題的畫作，背景中常會出現飛碟或不明的飛行器具，其中有些甚至還畫出了來自另一個世界的駕駛員。在古印度，稱這些飛行器具為「威許納雅」（vishnya），還有大量描寫駕駛它們環繞地球或其他更遠地方的故事。考古發現的幾個斷層、古老藝術品上所描寫的物體，以及遠古以前寫下的神祕文字，全都讓人不禁想到，也許在很久很久以前的某個時刻，曾經有宇宙其他地方的訪客來到地球，並提供其基因材料，直接與進化中的人類交合，或者蓄意將他們的ＤＮＡ與人類正在發展中的生物系統相混合。

著迷特定星座的「星星後裔」

在今天的世界中，有無數成年人的體內仍攜帶著一些遠古的基因材料，他們的ＤＮＡ以新的方式覺醒了，帶來嶄新的一套感知及識別能力。帶著這些基因特徵的成年人，覺得他們似乎永遠無法適應我們的世界而變成正常人，於是有種想要「回家」的強烈需求。其中許多人都有很強的直覺或第六感，或能展現其他的特殊才華，比如天生的遙視能力（remote viewing）、治療能力，以及普遍都具有超越經驗的感知能力。

這些人通常被視為「星星後裔」（Starseeds），星星後裔會對某些特定的星座或星團著迷，尤其是獵戶座、昴宿星團[3]、大角星[4]及天狼星，有些人對跟著天狼星一前一後旋轉的天狼Ｂ星特別感興趣。有些星星後裔還會透過發展語言、藝術、文學、音樂以及符號，表現他們出身的星座起源。星星後裔是現代的星星小孩的先輩，從基因學與演化的角度來看，星星小孩更為進步。當外星祖先的ＤＮＡ持續不斷地自然進化後，星星小孩就降生到了我們的世界。

星星小孩的能量場調整得非常好，且有一組與其他人類完全不同的諧波能量關係。他們的能量場感覺上光滑如絲，不受靜電干擾。這些場域有大量的連續光頻，讓這些孩子可以得到教導、慰藉與補給。來到我們世界的星星小孩天生聰慧，他們往往有一種傾向，就是能掌握一般「正常」成年人所難以理解的科學與科學原理。沒錯，他們很喜歡拿「量子本質」（quantum reality）當話題。

對電子設備造成獨特的影響力

星星小孩常會夢到飛行，他們的房間裡充滿著白光或各種顏色的彩光。他們夢到進入太空船，並與來自其他世界的高等生物說話。許多星星小孩也會對電子設備產生獨特的影響力，擾亂運作，甚至導致故障或關機。有些星星小孩走在街上或坐在車上時，路旁的路燈還會突然熄滅。

他們有極強的直覺本能，對於使用能量來治療通常也很拿手。許多星星小孩可以看到氣場及其他的能量場。他們運用心靈方面的天賦，能正確診斷出身體的毛病，他們也能以心靈感應的方式來影響他人，通常還擁有高人一等的「透視」力或洞察力。有些人則以升空飄浮（隨心所欲地浮在地面上），或能展示心靈傳動能力（以念力來移動物品）而聞名。

區塊式思考，具多維知覺

這些令人驚奇的孩子和水晶小孩相似的地方，就是他們也採區塊式的思考。他們能在邏輯推理上進行驚人的跳躍式思考，幾乎立即就能從假設一路通到解答。他們有即刻處理大量資訊的驚人能力，似乎能接受資訊的「下載」，並能討論許多不同領域的題目，而這些是他們從未在學校或其他地方學過的。某些星星小孩會在某處消失後，又在另一處出現，讓他們的父母傷透腦筋！

星星小孩也常常具有多維知覺。對他們來說，同時穿越多個現實，甚至同步與其他人談論這些現實都輕而易舉。他們毫不費力就能立刻處理多重主題的資訊，而且不會混淆。他們也能使用意識來延長或瓦解時間，事實上，除了時間外，他們還可試圖讓某個事件延長或縮短。他們透徹了解意識比光速更快，並可依自己的意願來扭曲與時間相關的事物。星星小孩對於環境有敏銳的覺知能力，對地球的狀況也會主動表現出興趣。

頭比常人大，體溫較低

以生理方面的特徵來說，星星小孩的頭部通常比一般小孩大一點，所以他們出生時往往得剖腹生產。普遍來說，他們的體溫也較低，一般正常人的體溫為攝氏三十七度，但星星小孩的體溫通常為三十六度，以新陳代謝的觀點來看，這意味著他們的能量消耗得比較慢。

星星小孩一般都有很強的免疫系統，若能在正常環境下成長應該都會很健康。遺憾的是，很多星星小孩的天賦並未獲得認可，有些人的沮喪心情就會反映在生理上，以疾病來顯現其心理上的不舒坦。

不可思議的星星小孩

崔佛——夢想飛翔的沉默者

崔佛是跟我合作的第一批星星小孩的其中一個，他不僅擁有星星小孩的能量系統，還有個廣闊的水晶小孩能量場，他也適用於我所謂的「美麗的沉默者」（Beautiful Silent Ones）的類型。在我與他一起進行療程時，我對這些兒童之間的明顯差異仍茫然不知。過去幾年來，更深入的經驗在在顯示，我們現在將經歷的是一個典型快速推進的演化，許多孩童無法整整齊齊地歸類或適用於某一類型中。然而，在一些特定的群體內確實存在著主要的特徵。

崔佛展現了各種出類拔萃的才能，他的家庭全力支持他。某種程度來說，崔佛的父母親算是人類的先驅，他們出於本能地知道要另尋蹊徑來來幫助他們的兒子。我和崔佛合作時，他只有九歲，可以看出他確實具備多維交流的能力。崔佛在三歲大時才開始說話，但還是無法說出完整的句子，九歲時還是無法講得很流利。他從小嬰兒時期就開始以心靈感應的方式進行交流，當時他媽媽還無法理解怎麼回事，但她很快就恍然大悟了！因為他有很強的心靈感應，也因為父母親視他為心靈上的進化人種，所以崔佛從來都不用勉強開口說話。他的雙親會鼓勵他開口說話，只是因為如此一來，他才能在我們這個世俗世界發揮作用。在崔佛的成長過程中，有不少人曾試著說服崔佛的爸媽，說他是自閉兒，但崔佛的雙親根本不予理會，他們知道，孩子是與眾不同，不是自閉症。

崔佛常常會提起在另一個星球上的生活情形，那裡的一切似乎比地球舒服多了。他說那裡的人們看起來就像是「上帝的能量與光明」，還說，他們總是飛來飛去，而且都是溫和又可愛的人。崔佛告訴他的父母，他的世俗皮囊實在太不舒服了，他受困在裡頭，感覺侷促又難過，等不及要再度飛翔，而他也常常夢到自己在空中飛行。在這方面，崔佛的雙親也付出了不少心力，他們曾請益薩滿祭司，他教他們如何以意識旅行。薩滿教的路徑在許多的現實位面上是寬廣而多變的，而崔佛與父母學會了一起去探索宇宙。他們很愛這麼做！

崔佛的家人以全面性的觀點來處理他的與眾不同。他們也與另類療法等治療師一起合作，大家相處得像一家人，彼此充分配合，不論發生什麼事，都能互相支援。崔佛十五個月大時還不會爬，父母親帶他去看一個非強迫式脊椎按摩治療師。首次求診後，崔佛不僅能爬，也會走路了。此外，他們還試過運動療法，與非常先進的脊椎神經按摩治療師合作。就像許多家庭一樣，崔佛的父母在採用每一種療法之前，都會先問過他的意見。他們要崔佛感到舒服，並樂意參與療程，這點相當重要。（你可能還記得第三章提過的威廉，威廉在指揮媽媽上路前，會先打電話給醫生，他也知道該派哪些朋友做哪些事才最適合。這似乎是這些具有非凡天賦孩童的現況，他比我們這種平凡之輩領先好幾光年！）

崔佛的雙親與他一起做過許多種的練習，例如大腦體操（Brain Gym）。他們盡其所能地以輕鬆的方式來幫助崔佛學習，讓他的體能變得更為強大。他們一週要做兩到三次的練習，這樣的次數不會讓人感到厭煩。崔佛和他的家人也一起練習瑜伽，他還去上他很愛的騎術課程。雖然他還沒能成為一名優秀的騎師，但他很享受騎在馬背上的每一分鐘。

關於他的前幾世，崔佛也跟家人說了很多，大部分都很痛苦。當他說出他的故事時，就像在當下又活過一遍。他講了很多細節，感情投入極深，似乎靈魂都因為這些回憶而飽受折磨。就跟本書提到的一些孩子的情況很類似，崔佛也曾經有過幾個不很友善的惡夜訪客，他們似乎是才剛死去的人，把崔佛當成是這世界與靈魂世界之間的某種溝通「管道」。崔佛說他先看到死去的人，然後天使來了，護送他們去靈魂世界。崔佛的父母問他，那些靈魂向他要求什麼？他僅回答說，顯然那些靈魂在動身前往下一站前，需要一些撫慰與安心。他的雙親教他如何使用本源[5]之光（Source light）來保護自己，也告訴他如何判斷哪些人可以接受他。這對他十分有用。

崔佛也告訴父母親，在他來到地球之前，耶穌告訴他要小心身體。他的指導靈之所以選擇他的父母，是因為知道他們會好好照顧崔佛（一次又一次，作者不斷聽到這些孩子告訴父母，何以他們會選擇出生在這個家裡的原因。似乎這是來到地球的「新小孩」一個共通的做法）。

有年夏天，崔佛告訴父母某個晚上曾經有條狗來到院子裡。他說他「飛」下樓梯，跑到室外，想要和那條狗在一起。狗兒已奄奄一息，十分痛苦，崔佛問牠，他能否把手放進牠的身體裡來幫牠。小狗回答：「好。」（崔佛回憶，「牠在心裡說的。」）他把手放進小狗的身體裡，小狗謝謝他把牠身體裡的痛苦拿走。然後天使來了，把小狗帶回靈魂世界。這是崔佛第一次與小狗出遊，他的夜晚總是充滿了飛翔及超脫塵俗的經驗。

面對這種孩子，崔佛的父母難免也跟其他父母一樣會擔心，簡言之，他們不知該拿這個特殊的孩子怎麼辦？他們沒有經驗，覺得自己非常孤立無援。當他們跟別人提起自己孩子的特殊經歷時，有時會被排斥或甚至發生更糟的情況。面對這種情形的父母，迫切需要可以共享經驗的人。我已經好幾年沒有跟崔佛一家人談過話，記得我最後聽到的消息是：崔佛的情緒還是有大起大落的時候，偶爾還必須跟對身體的恐懼及他所能看到的某些東西（尤其是一些對他感到好奇的人）奮戰，不過他比以前更能「帶得出去」了。我要向崔佛的爸媽致敬，他們堅定、柔韌又有許多創意之舉，並真正注意到孩子的特別需求，真是為人父母的完美典範。

約翰——活動的飛機百科全書

這些年來，我曾造訪過幾個地方，那些經歷拓展及豐富了我的執業生涯。當我重新造訪這些地方時，我的行程都排得滿滿的，要見的人很多，有些是熟面孔，有些則素未謀面。有天晚上，就在這樣的一個場合裡，終於輪到了我當天最後一個約見的對象。我先前已看過資料，多少知道了一些情況，找我諮商的人顯然是一個七歲的男孩約翰．艾芙瑞特。約翰和母親法蘭西絲準時赴約，法蘭西絲有點緊張，她不知道將會發生什麼事。約翰穿著一件紅色的睡衣，個子很小，以他的年紀來看，確實是太瘦小了，他的五官精緻，皮膚如絲般光滑，小臉蛋看來幾近完美。他留著一頭中等長度的棕褐色頭髮，眼神羞怯，帶著點受挫的神情。我想知道為什麼。

約翰帶著一本幾乎跟他一樣大的書，那是你通常會在咖啡桌上看到的書，約有兩吋厚，是一本談軍用飛機的專門書籍。他緊抓著書本，即使坐在沙發上，也不願意放下。法蘭西絲相當能聊，她談到靛藍小孩，也談她看過的一本相關書籍。有人告訴過她，說約翰就是靛藍小孩，法蘭西絲還特別跑到約翰就讀的學校，去確認校長與教職員都有一本談靛藍小孩的書，以保證他們可以了解這些天賦優異的小孩（做得好，媽媽）。法蘭西絲擔心的是，約翰明明很聰慧，但在學校卻未能恰如其分地表現出來，而且她很確定他一定在某方面出了問題。從我所得到的資訊來看，她似乎想要兒子成為一個成就遠超過預期的人。法蘭西絲用意良好，但在我看來，她似乎施加了太多壓力在兒子身上，至少那是我當時的初步想法。

一開始，約翰只是有一搭沒一搭地回答我的話，我想那是因為他不認識我。在進行療程之初，我觀察到法蘭西絲會先問約翰一個問題，然後又代他回答。他似乎有點惱怒，我必須承認，他的惱怒中帶有一點撒嬌的味道！為了拉近距離，我特別對他的書表達興趣。我告訴他，我父親曾在空軍服役，但我不記得他是開哪一種飛機。約翰的臉色就像聖誕樹般突然亮了起來，他打開書，翻到正確的那一頁，開始冗長地列舉我父親曾經飛過的飛機特徵，接著開始比較這種飛機與其他飛機的不同。那真是令人驚訝的經驗，約翰知道每架飛機的每個細節，從結構、液壓、機械到飛機的優缺點都能說得頭頭是道。就像他是一本活的飛機百科全書，但那只是開始而已。

我將話題從飛機轉到學校，問起他在學校的經驗。我很快就了解到，約翰對這個話題不感興趣，我問他為什麼。約翰沒有直接回答我，他轉向母親說：「媽！如果考妳從出生到現在每天所發生的每件事，妳能答出所有問題嗎？妳會在乎嗎？畢竟妳已活了那麼久！」法蘭西絲看起來有些困惑，過了會兒，他所說的話才真正搔到癢處。我讓約翰繼續講下去：「妳看！在學校裡，老師告訴我們要讀書，他們也教我們很多東西。然後，我自己又學了許多，比他們能教我的還多；對我來說，每個禮拜就像過了好幾世。我超前其他人好幾光年，但是老師希望我回頭去記住所有那些不再重要的細微末節，我當然是匆匆掠過。這些考試對我根本毫無意義，只是浪費時間而已！這些事情我早已經知道了！」

嗯，我開始了解了，這個孩子不只是別人眼中的天才，他的媽媽可能是對的！因此，我努力讓約翰談到他當時所學的那些比學校作業還更重要的事情。後來約翰決定坐上診療檯，讓我和他一起進行療程。當我接近他的能量場時，我很清楚知道這個孩子是天之驕子，而且根本不需要治療。他的能量場以一種非常高的頻率嗡嗡作響，幾乎毫無振動，既清楚又強烈。星星小孩的能量場中顯現出某些水晶小孩的能量特徵並不罕見，約翰就是其中之一。

約翰和我邊做診療邊聊，我們的談話開始轉向某些令人吃驚的話題。不久之後，我們就討論起多維現實、黑洞、平行現實（parallel realities）⑥、平行宇宙（parallel universes）、諧波關係、蟲洞（worm holes）⑦等艱澀的內容，而他全都是以一種只有身歷其境者才能了解的詳細程度來形容。即使是我，也對他淵博的知識感到難以置信，他全身的毛孔都散發出對於每個話題的信心與自在。我很快就理解到，約翰只是無聊罷了，他沒有任何一個可以講話的對象，沒有人能和他暢談他的現實，於是他寧可保持安靜，讓媽媽負責發言，並靜靜地繼續他的學習過程與多維旅行。我興奮地說不出話來。

顯然地，約翰就是星星小孩，而我深深為之著迷。要找一個能跟我暢談我所經歷過的那些非凡故事的人可不簡單，我們就像豆莢裡的兩顆豆子，兩人對於彼此能如此恣意對談都感到很興奮。我向法蘭西絲解釋，約翰只是需要跟了解他的人說話罷了，我建議她可以安排他參加大學社團活動、天文學課程或任何能吸引他的課程。約翰有能力同步處理不可思議的大量資料，同時他的興趣也成級數上升。我建議法蘭西絲在各種競賽場合努力地幫助約翰適應社交生活，這不但對約翰好，也對他的同伴有利，還能填塞他永不滿足地學習新東西的胃納。約翰的大部分興趣集中在科學，所以我給了法蘭西絲一些她能接觸的組織。

當我明白地告訴法蘭西絲，其實她兒子沒什麼問題時，她似乎很驚訝，因為她完全無法想像約翰的智慧可以伸展到何種程度。有這樣的小孩，其實是個很大的挑戰！這樣的小孩一旦被誤解，他的天賦不但未能受到鼓勵，有時反而還會被視為是一種缺陷。他們不是因為天賦而受到注意，反而是被貼上「有毛病」的標籤，慢慢地孩子表現的行為就會變得和標籤與診斷結果一樣。一旦出現這種情形，孩子就會漸漸在一堆社會渣滓中失去活力。

我總覺得如果我能好好點出約翰的與眾不同，他母親就能理解。在諮商之前我並不認識她，所以我特別小心地不要一下子就將她的現實拉得太遠而嚇著她。我覺得一旦幫某個人貼上標籤後，那個人就會失去擴展的可能性，所以我也不願意替她的孩子貼上任何一個標籤。我很謹慎地向法蘭西絲解釋有關「新小孩」的事，並談到她兒子的特殊技能及原因。法蘭西絲的神情愈來愈放鬆，她開始了解約翰不是身體機能出了毛病；事實上，應該說他的機能是高度運作！正因為他的能力與正常的社會結構格格不入，所以沒有一個人想到要去問他，他的學習能力到底超前了我們多少？大家說他懶惰成性，事實上是因為他的智慧遠遠超過身邊的人。

最近我有個機會去拜訪約翰，現在的他已是個英俊的年輕人了，有雙讓人覺得深不可測的眼睛。他正致力於研究某些相當了不起的發明，而且各方面的能力都還在持續發展中。法蘭西絲將他從公立學校轉學出來後，他在學業上開始有長足的進步，再也不怕被壓抑了。法蘭西絲做了很了不起的事，不只是滿足了約翰的需要，並在這過程中一直激勵她自己要堅持下去。

約翰只是我遇到的許多同類孩子的一個。他們的智慧都高得嚇人，很少有人能夠跟他們旗鼓相當地交談。他們其中有些人浪費了很多時間把自己封鎖在自己的知覺中，也迷失在自己的聰慧才智中。想想，他們其實還有許許多多東西要跟我們分享！

史提芬——能量系統裡有寄生物

決定我們外貌與能力的基因物質ＤＮＡ，充滿了對我們出生前所有發生事情的記憶資料，這些資料後來再進一步轉換成細胞記憶。細胞記憶攜帶著我們祖先繁殖家庭的行為模式資料，我們ＤＮＡ裡攜帶的資訊，後來成了組成細胞的材料，傳遞著我們的世間經驗。有些人確實保留著前世的清晰記憶，有些人的身體則會出現原因不明但非常真實的疼痛或折磨。儲存在我們身體裡的前世記憶非常真實，就如同那些因這些記憶而引發的症狀。星星小孩就經常承受醫界難以診斷的莫名病痛折磨，而且根本找不到治療方法。他們的身體上帶著前世的衝突或傷痛的記憶，心智上也承載著前世的才智，兩者都一樣容易。這些小孩可能會出現發燒、不舒服、沮喪、器官失調或其他異常的症狀，曾經有個這樣的小孩，我稱他為「史提芬」。

史提芬的健康一直都有問題，媽媽帶著不情不願的他來找我。他有非常嚴重的頭痛，以及似乎無法逃脫的抑鬱。一如約翰・艾芙瑞特，他的智力也很高，其他人不容易跟他談上話（如果真的有人想這麼做的話）。他覺得家人、少得可憐的幾個朋友，甚至學校裡的其他孩童都排斥他。史提芬的父親知道他的小孩絕頂聰明，因此要求也相對嚴格。這對小朋友來說，壓力很大。當我和史提芬的媽媽談過話後，結論是其實全家都和史提芬的問題有關。媽媽有超越常人的直覺天賦，而她和史提芬的兄弟姐妹全都有奇怪且嚴重的健康問題。我開始了解到，我執業的對象是一個「星星家庭」，他們是具有星星後裔特點且連續幾代都是星星小孩的家庭。

當我開始史提芬的療程之後，我注意到他的能量場感覺上好像被抽乾了，我想要找出原因。有一陣子，我無法看出我所感應到的情形。當我對史提芬的能量層次進行層層探索時，發覺到他的能量都沒有排列好。他的能量場缺乏協調，而且到處都有看來奇怪的阻礙物，這些阻礙物似乎限制了史提芬能量場內的某些交流，而我認不出這種交流的模式。我一次只穿越一層進行修復，能量場內的能量開始慢慢自動調和，阻礙被移走了，能量開始恢復正常流動。

當我正努力針對史提芬的頭部作業時，我受到指引要往他的雙耳下工夫。他的左耳組織中間有個腫塊，根據中醫的針灸圖表，耳部的這個特別區域和腦下垂體、甲狀腺與腦部都有關聯，而這些地方都以不同形式控制著身體。腫塊給我的當下感受，讓我感覺到這個腫塊是外來物。通常當我們在某些針灸點上作業時，能量會被釋放，而在這個案例中，當我在耳部的這個區域作業時，發現實際上它是「吸取」而不是「釋放」能量。這個腫塊並未隨著療程有所縮減，我知道它就是史提芬頭痛的病根。不論它是何方神聖，都與史提芬的其他身體部位無法和諧相處，因而引發他的頭痛。我繼續在這塊區域上下工夫，同時指導媽媽如何在家裡照著做。我不覺得已經找到導致史提芬頭痛的所有原因了，所以還是繼續診療。終於，我找到了。

我們每個人都有一個完全圍繞著我們的能量場，它就像是個溫暖的繭，扮演著我們與其他生物之間的障礙與轉譯。此一能量場會「逐步篩滅」進入的訊息，如此我們的意識可將接收的資訊轉變為實際的認知。同樣地，我們的經歷、感覺與想法，也可向外轉換為精煉過的能量，進入天地所有的生物之中。環繞在我們身體外面的這個能量場，某種程度上也支撐著我們呈現出身體的特有形態，所有組成我們的這些細微粒子，都安全地藏伏在我們的能量場內，並以和諧的方式聚集起來；有些人可以看到以靈氣或光環形式顯現的部分能量場。我們外在的能量場，會視我們和宇宙萬物的和諧共鳴，以及肉體、心靈、情緒與精神狀態而改變大小。當我們的感覺變差時，周遭的能量場就會縮小，緊緊地貼在身體上，以維持能量。如果我們的感覺良好，能量場就會變得很大，與我們周遭的事物更容易交流。

史提芬的能量場顯示出一種奇怪的反常現象。在他能量場的最頂端，也就是心臟部位的正上方，有個看似很不尋常、外表傷痕累累的附屬物。這是寄生物，正在汲取史提芬的生命力，老實說，以前我從來沒看過這樣的東西。當我們對一個能量系統進行多維作業時，嚴格來說，我們接近的是此人在前世與今生的全部歷史。這個寄生物源自於久遠的銀河時期，就像是搭著鯨、鯊便車共遊的舟鰤。然而，舟鰤與鯨魚或鯊魚通常都是共生的關係，因為牠們也為宿主提供了一項服務：當宿主進食時，牠們會幫忙清潔身體。但史提芬個案中的這個寄生物，沒有提供任何服務；事實上，它還搶奪了維持生命所必需的生命力。史提芬能量場中受折磨的區域因為增厚，而限制了能量的流動。在增厚部位的中央還有一塊暗黑色的小區塊，似乎出現一種不平常的能量，跟史提芬本身親切的能量截然不同。

我當時沒辦法馬上找到處理方式，只能坦白地告訴他媽媽我的疑慮（跨越多維治療與其他治療非常不同，由於每個人都有一個完全屬於自己的歷史，所以每次療程都不一樣，而每段療程其實就是一個學習過程）。我告訴史提芬的媽媽，我需要一些時間來整理所接收到的資訊，並從所見到的資訊中找出蘊含的意義。我和史提芬一起努力治療了好幾個星期，我專注監看著那個寄生物，並感受情況的進展，最後終於完全消滅它了。在此之後的修復治療中，史提芬恢復得好極了。他的頭痛消失了，而且能量水平也變得很正常，連其他一些老毛病也統統解決了。真是令人驚訝的一次經驗！

我曾經發現不少有問題的星星小孩，通常在能量系統裡都有異常寄生物或其他產生阻礙的癥結。當然，並非所有的星星小孩都有這種情形，但如果他們因為不明原因的病痛而受苦，極有可能要看的是問題的不同層面——宇宙的層面！

克瑞格——以宇宙視覺看東西

有些星星小孩面對外星人或來自其他世界的訪客時，態度十分自在。在我前往一個研討會演講的路上，主辦單位安排另一個演講者的女兒來機場接我。我們在機場碰面時，她帶著兒子同行，他坐在汽車後座的安全座椅上，我稱他為「克瑞格」。克瑞格六歲，有一頭黑髮，體形有點瘦小，卻有一對洩露出超級活潑與聰慧的褐色大眼睛。初次見面，他媽媽告訴他我是「梅格博士」，他似乎有點害怕，我當然知道原因，因為他以為我是醫生。⑧

車程約一個半小時，在這段時間，克瑞格慢慢放鬆了下來，開始告訴我他常做的幾個夢。聽起來，他的夢就像是被外星人綁架的典型經歷。他對於其他的靈體有高度的覺知，我們人在車子裡，克瑞格會在我們說話時突然說：「『它們』就在天上飛。」他媽媽抬頭到處察看，什麼也沒見著。克瑞格以一種「對天發誓」的口吻，不耐煩地說：「她看得不夠快！」在那一刻，我才了解到克瑞格是以觀看多維世界的宇宙視覺在看東西。當我調到與他同步的頻率時，我也看到它們了。沒錯！它們毫無疑問地就在那裡。

幫助人們覺醒，改變世界

星星小孩是不可思議的人類。他們不僅在智慧和精神層面天賦異稟，同時也認知到，他們與本源及所有其他宇宙萬物在精神上聯結的重要性。他們共同分享心靈的洞察力，對於探索人類身體、超自然與精神各面向之間的聯結也樂在其中。星星小孩經常會壓抑不下他們與生俱來的需求，那就是幫助人類覺醒，好發揮他們最高且最好的潛能。星星小孩也想讓世界變得更美好，他們努力藉著慈悲與仁慈的行為來逐步灌輸和平。他們可以感受到地球的能量，並以行動來醫療地球。有人願意傾聽時，他們會很樂意告訴我們眾星之中屬於我們家園的那個星球的種種情形。星星小孩的高智慧以及他們對宇宙的透徹了解，最終將替我們的世界帶來全新且令人興奮的先進科技，那些科技會與我們的星球共生共榮，並為全人類的福祉帶來重大的貢獻。

星星小孩並不怪異，他們只是我們正常進化過程中的一部分。他們是人類的先知，是智能更高的人類。我們必須提供這些孩子的一切需求，滿足他們優秀的心智能力。我們必須提供他們維持脆弱身體所需要的養分；更重要的是，我們必須理解他們所說的那些奇怪事情並非幻想，事實上，那是明示了一個更宏偉的現實，而在未來，這會成為我們的覺知、科技與日常生活的一部分。

注釋

①平行面向發生於同一人在不同時空的兩個不同面向幾乎完全相同且和諧時。平行面向是多維的，但它們的頻率如此相像，因此每個面向都能有意識地覺知另一個面向，亦即同時間的兩個生命體都能覺知到兩者的體驗。詳見第八章。

②「巨人」（Giants）在中文和合本聖經譯為「偉人」。

③昴宿星團是金牛座（Taurus）中的疏散星團，希臘神話中宙斯將阿特拉斯的七個女兒變成了七顆星。

④大角星即「牧夫座α星」，全天第四亮星，北天第一亮星，橙色。明亮的大角星自古以來就被當作標定季節和方向的恆星，古埃及稱為「神殿之星」。但由於星球本身氫燃料有限，壽命約僅剩下幾千年的時間。

⑤本源（Source）意指宇宙萬物的起源，通常指上帝、真主、神、造物主、創始者等。

⑥平行現實（parallel realities）和平行宇宙（parallel universes）的意思類似，就是指在比我們天文觀測能企及範圍遠得多的地方，有和我們一模一樣的宇宙、和我們的銀河一模一樣的星系，而那其中正有個一模一樣的你——一模一樣的長相、名字、記憶，甚至和你一模一樣的動

作、選擇，而這樣的人還不止一個，確切的說，是無窮多個。雖然這距離大得超乎人們的想像，卻毫不影響你「分身」存在的真實性。天文學家甚至計算出它們距地球的平均距離。

⑦根據愛因斯坦於六十多年前所提出的「蟲洞理論」，「蟲洞」（worm holes）是連接宇宙遙遠區域間的時空細管，因為樣子像蟲子在不同宇宙啃出的洞而得名。科學家認為，「蟲洞」之所以能連接各平行宇宙，是因為宇宙間的時空可以折疊、彎曲，透過蟲洞可做瞬間的空間轉移或時間旅行。

⑧一般醫生與擁有博士學位者的英文都採用Doctor (Dr.)的頭銜。本書作者身兼哲學博士與超自然科學博士。

第七章
辨識星星小孩的檢查表

★具有高智力，通常在科學領域特別具天賦，但並非總是如此。
★對於身處的環境非常敏感。
★對於其他人的能量與情緒感受力很敏銳。
★個子比大多數同齡小孩小。
★展現出強化的心靈能力。
★有能力去掌控在體內及身體周遭所發現的微妙能量場（生物能量）。
★能使用世俗與宇宙的力量來進行治療。
★擁有以心靈感應和直覺跟別人及本源意識（Source Consciousness）溝通的天賦。
★常會干擾電子產品或其他電氣用品的運作，有時會造成故障。
★可以進行精神上的交流（心靈感應）。
★可以預測未來（預知能力）。
★可以藉由改變物品與現實的關係而移動它們（心靈傳動能力）。
★可透過心靈之眼看見遠距離時空中的東西（千里眼／遙視能力）。
★可從其他世界的時空「下載」資訊。
★具有敏銳的直覺（不用別人說出口就能知道）。
★能夠從遠距離影響他人（心靈感應能力）。
★可以透過「判讀」別人的能量場，來得知這個人的健康情形、企圖及動機等。

★能夠診斷另一個能量場內的病症或機能故障。
★能夠進行靈療或生物能量治療。
★可以靠著念力將自己或物體從一個場所移到另一個場所（心靈運輸）。
★可以抗拒地心引力，從地上飄浮起來。
★能夠超越時間下工夫，加快或延緩事件的發生速度。
★對於即將發生的地震與其他天災很敏感。
★具有多維知覺。
★能夠「出體」神遊（靈體投射或意識投射）。
★能開啟他們的意識，並讓宇宙生物透過他們來說話（溝通管道）。
★通常會與某個星際訪客指導靈共同使用一個意識。
★與他們星族（Star Nation）的指導靈以一種密切的精神聯結運作，並且能夠實際召喚、聯結這些指導靈與其他守護者。
★有很強的免疫系統（或相反地，會生原因不明的怪病）。
★基礎體溫比較低。
★擁有生氣勃勃的外表與個性。
★有大將之風。
★長大後看起來會比實際年齡年輕（星星後裔的成年人也是如此）。

第八章 平行的面向：地球小孩與星星小孩

我寧願回到亞特蘭提斯，我在那裡很快樂。我想回那裡去，因為當我神遊體外時，我就自由了！我可以跑，可以飛，可隨心所欲地到任何地方，變成任何東西！

——威廉，十一歲

在其他的現實位面上，存在著不同面向的我們，或者部分的我們。就如一朵花的花瓣，我們所有面向中的每個面向，都會與另一面向稍有不同，但全部聚合起來，就創造了美麗、複雜精密、無盡的宇宙萬物整體，我們亦在其中。拿掉任何一片花瓣，花就變得不平衡且殘缺不全了。每個面向都像我們的影子，影子總是在那裡，但它的位置及模樣卻要視當時的光線亮度與方向來決定。影子與我們配合無間，動靜相隨，但卻和我們的實質身形不同，可能比我們的身形長或短，時濃時淡，但影子總是在那裡。同樣地，我們的每個面向看起來並非總是一致，但對我們與所有的面向來說，每個面向都很重要。當我們的面向發揮功能，並適當排列時，就會與我們和諧共存，但它們會與我們保持一段距離，距離遠近則視它們存在的那個維度而定。

電磁能量場決定我們是誰或何物

在我們的意識當中，有部分的經驗與我們在三維生活中所擁有的經歷相當不同，而這些經歷會直接影響到我們以何人或何物存在於地球上。我們是由一層層的電磁能量場所造就，而電磁能量場是由細微的頻率所構成，頻率有顏色、聲音與振動，這些頻率聚集在一起，造就了我們之所以是誰或何物。每一組頻率建立一個面向，並決定了面向在何種程度會產生振動，而此振動確立了該面向的存在維度。一般說來，我們的諸多面向中，沒有兩個面向會擁有相同或極為接近的兩組頻率。反而是每一層電磁能量、每一個面向，都與其上下的面向完全調和。

從宇宙的觀點來看，過去、現在與未來的所有事件都同時發生。部分的我們經歷了前世生命，或住在其他的銀河系或其他的現實位面；而同時其他部分的我們，卻在擔心付房貸或明天要發生的事；而有其他部分的我們，卻已活在明天！

我們的多維面向全都有同樣的外形，我們所擁有的每個面向都是一組和諧的頻率，而每一層和鄰近層只有一點點差別（見圖三）。我們所有面向的總合——我們之為誰或為何物，生氣勃勃又和諧美好，並與其餘宇宙萬物息息相關。我們就像一個巨大的音樂和絃，一個音（面向）接一個音，組成了聲音的振動，此振動就是我們自己。這些音波振動的組合，能使我們每個人和諧且獨一無二，直到我們真的在宇宙萬物的架構中佔有一席之地。當我們與宇宙萬物和諧地融為一體時，我們就是宇宙萬物中不可或缺且有所貢獻的一部分。我們獨一無二的和諧結構決定了我們如何運作、長相，以及存在於地球

圖三：諸面向正常且和諧時的狀態。

上或另一個時空，或甚至在另一個星球上；有時它甚至會決定我們的經歷。在某種程度上，我們每個人本身就是一個完整的「靈魂家族」（soul family），但我現在不想就此一主題談論太多，因為光是這項主題就可以寫另一本書了！

面向失衡的問題

當我們的諸面向不能和諧地排列時，就會出現許多問題。例如，如果鄰近三維世界的一個現實位面上，存在一個偏頗或不再和諧的面向，我們就會有一種孤立無依的感覺，猶如飄萍，行事就會猶疑不決或難以集中注意力，普遍會有嚴重的疏離感。這種障礙所造成的影響，端視偏頗的程度，以及造成此種情況的事件或情緒等根本原因而定。同樣地，當數個面向的和諧結構變得太過相像時，也會在我們的諸面向中，產生一個或更多的障礙。

有很多種原因會造成面向失衡。有時我們幾個面向的頻率會自然地在緊密相連的幾組頻率中達到和諧，那麼就會產生非常相像的經驗。一旦發生這樣的情況，這個人的所有面向通常會與已改變的那個面向一起「重新調和」。如果重新達到和諧的經驗是正面的，所有面向的頻率振動通常會升高，而所有層次按理來說都會一起美好地發揮功效。

有些時候，可能有一個或更多的面向會從我們的和諧結構中佚失。這通常發生在遭逢重大傷害事件，或我們對自身遭遇束手無策的情況下。原因可能是身體受到殘虐或情緒崩潰所致，或成為重大傷害事件的受害者。如果受害者缺乏處理的技巧，他們會將這些感受內化到一個小區塊中，並用能量將這些感受「鎖」起來。

這些能量區塊後來就會脫離主能量系統，再也不會與其他面向和諧契合。一旦發生這種脫離的情況，和諧的組織中就會出現斷裂。這很像一架梯子少了中間幾級踏板，為了要攀登梯子，你必須把腳抬高，跨過不見的踏板。在這些例子中，我們的面向照常進行同樣的交流；不久，機能健全的面向開始遺漏那些被隔離的面向，常常是完全跳過它們。由於部分「梯子」還是難以接近並使用，因此所有面向彼此之間根本不可能像以往一樣完全交流。

一旦出現這種斷裂情況，在地球上的表現形式（我們）就會開始出現功能障礙的徵兆，變得優柔寡斷，無法集中注意力，而且心情會毫無預警地起伏不定，有時生理機能也會如此。我們可能會鬱鬱寡歡，彷彿這一生再也沒有往前邁進的動力；也許會覺得很失落，好像這一生缺乏一張能指引自己的地圖。

當我們感覺「分崩離析」時，事實上我們的地圖中真的有部分「不見」了。修復的唯一方法，就是找出失落或不聽話的面向，並吸引它們回歸到整體的和諧中。微妙的是，這看起來就像俄羅斯娃娃，一個裡面套著另一個，然後又有一個，一直重複下去。當我們吸收面向時，基本上是將它們重新調和，匯入一個功能正常的單位，有時，此一程序被稱為「靈魂復元」（soul retrieval），就好似佚失的面向是一個斷裂靈魂的碎片。

地球小孩與星星小孩

平行的面向發生於同一人在不同時空的兩個不同面向，當其和諧頻率幾乎完全相同時。平行面向是多維的，但因為它們有如此相像的頻率，因此每個面向都能有意識地覺知另一面向。想像一下，同時間的兩個生命體都能有意識地覺知到兩者的體驗！這幾乎就像是兩個人住在同一個身體裡。平行的面向能促進理解力、有意識的記憶、直覺、超感知能力與多維知覺，也能開發對前世的記憶；至於在性格的深度方面，擁有平行面向的小孩總會讓人充滿驚奇！

擁有平行的面向，也可能會造成主要的身體機能障礙。有一條放諸四海皆準的定律明確限定，同時間的宇宙裡不能有兩組完全相同的頻率，所以當平行的面向在調和時如果太過靠近，其中一個面向（甚至兩者）都會在這過程中出現部分故障的情況。此一故障最後才會顯現在身體層面，因為在我們人類的構成中，體形特徵要比其他任何部分更為密集，因此在能量系統中對變化的反應最慢。至於哪種生物系統會受到影響，就要看兩組相同頻率是發生在何處而定。

當面向平行時，有趣的現象發生了——兩個平行的面向都無法正常地存在。根據通用法則，其中一個面向必須掌控另一個。通常來說，不是在三維世界出現的面向會以意識的方式駐守在人世，它們透過三維身體的共鳴一起參與並存在著，這三維的身體與所有意識可以自由地體驗平行面向的各種行為。基本上，有兩組意識一起在人體內運作。

我發現部分的星星小孩與水晶小孩，擁有起源自銀河間的平行面向（所有我認識符合此一類別的孩童，在我寫本文時約為十至十二歲，大部分是十一歲）。換句話說，他們的一個面向以前是活在另一個星球上（通常在平行宇宙或另一個時空中的星球），因為與地球的自身太過相稱而造成這兩個面向的衝突。來自銀河的面向，其演化程度遠超過三維的面向，而且已經能夠使用其意識來掌控現實，因此通常是由銀河的面向來主導兩者的調和，以便對三維面向發揮功能。他們要活下來，就必須要這麼做。

顯現出平行面向的孩童，通常身體會有嚴重的殘疾。他們失去機能的形式不一，但與家人互動的經驗卻出現了共同現象，那就是所有這類孩童幾乎無法或不願意開口說話。他們全都擁有高度的心靈感應，能跨越時空，傳到那些他們知道可以聽到他們說話的對象那裡。許多這樣的孩童以靈球體的形式活動與溝通，也展現了強烈的第六感、多維知覺，以及心靈感應等驚人天賦，有些甚至具有隔空傳物的能力！我對平行面向的正面看法是，即使它們存在於功能失靈的身體裡，但這些孩童仍能穿越時空旅行，他們超越了身體障礙，幾乎都能感覺到自由自在。同樣地，一如我先前所說，平行面向會帶來高度的智能，以及在其他人類身上罕見的宇宙連結感。這些小朋友就是地球上的大師。

要修復平行面向時，必須特別注意。這些平行面向無法簡單地被同化吸收或合而為一，因為它們幾乎會彼此抵銷。相反地，我們要採用的方法是讓那些仍有待完備的面向之間能夠協同作用。如此一來，兩個面向雖然依舊保持獨立，卻一起被調和，以便能平順地一起運作。調和可以用音樂和絃來比喻，音階的組合建立了稱為泛音或和音的第三組音頻，泛音擔任了彌補兩個面向之間缺口的橋樑，允許它們與這孩童的其他面向溝通。協同作用的調和跟同化吸收是截然不同的兩件事，協同作用只有在把各個面向當成獨立個體進行調和時才會發生。

有這麼一群孩童，他們全都擁有平行面向，我稱他們是「美麗的沉默者」。他們通常有各種伴隨平行面向而來的身體毛病與障礙，他們是擁有心靈感應與直覺力的心靈大師，有許多東西要跟我們這個世界分享，而真正令人驚奇的是，他們現在幾乎全都是十一歲。此一現象沒有明顯的性別區分，透過不同方式與我接觸的對象，男孩女孩都有，而且我們通常都是以心靈感應的方式進行溝通，有時他們的父母也會加入，充當他們的「聲音」，打電話或傳電子郵件給我，或直接把他們的孩子帶到我面前。那些父母親在孩子要求他們跟我聯絡之前，通常沒有聽過我的名字！

每個跟我接觸的小孩，都表明他們的身分就是出現在我能量場上的那些靈球體之一。你可以想像一下，這些具有意識的靈球體，全都有個名字、臉孔與性格。事實上，他們是非常真實的孩童，也是大師，每個都各具殊能！

第九章 我們美麗的沉默者

我想身爲父母最困難的部分，就是必須忽略我的孩子看來身體不健全的事實，以及她需要修復的想法，我想其他人也一樣。我們需要去了解她是個天賦令人驚豔的人，而她本人也是如此……她散發著眞愛，除此無他。

——凱倫，洛琳的媽媽

一開始，當這些小孩以靈球體的形態和我接觸時，我還以為自己在做白日夢！但當他們藉著心靈感應或透過他們的父母與我真正接觸後，我於是了解到，此一現象是無可辯駁的真實。

美麗的沉默者

在一群以心靈感應方式彼此溝通的兒童團體裡，有個被我視為「美麗的沉默者」的小團體。他們是令人驚訝的孩子，第一眼看起來是不夠完美（生理都有些殘障），但這只是外表。這些孩子的內在，經常在所透露的訊息中攜帶著難以抵擋的美麗，而他們所帶來的真理，更能令人心胸開闊。這些美麗的沉默者可能是水晶小孩或星星小孩，他們也許是許多不同能量模式進化版的組合，也可能不是。我得到的結論是，這些特殊的孩子是新人類的進化先驅，進入了幾乎是純意識的存在，但他們依然出現在實體的世界中，只是身體帶有明顯的殘障。他們的智慧與心中的純真，超過了一般人的感知範圍，就像上帝透過他們傳話，而他們則為世界詮釋祂的話語。

我們一般人往往會順應社會多數人的想法，對於那些「跟一般人不同」的人都會自然地想避開。我們害怕可能會感染到他們身上的某種東西，而恐懼地背轉過身子。我們看向別的方向，避免尷尬。

請你開始正視他們吧！

某人有個機能不完全的身體，並不代表他或她的意識混沌不清或無法覺知。如果你曾碰到過本書所提到的任何一個孩子，你絕對不會再以同樣的方式去看待殘障人士。我們必須付出我們的關心並正視他們！

這些美麗的沉默者實在太神奇了，他們看來不像是知識廣博或能力高強的人，但一旦我們略過外表，就會發現他們都是機能充分運作且能對這世界貢獻良多的新人類。他們的意識不受拘束地到處漫遊，超越了形體的限制，穿梭在所有的現實中，可旅行到其他的時空，還不忘帶著永遠讓人著迷的幽默感，而且能輕鬆地以心靈感應來溝通。這些孩子周遭的人，都可為某些正在發生但要日後才能見真章的奇妙事件作證。這些孩子教導我們出於本質、絕對而純然的愛，而且不要求任何回報。表面上看來，這些沉默的孩子似乎只是家人與照護者的一大挑戰或負擔，除此之外，什麼都不是，但其實他們是我們這個世界的美好禮物。「美麗的沉默者」，他們的身體因為各種原因而受到病症侵襲，例如基因突變、腦部受創，或者對疫苗產生不良反應，或先天性疾病等等。雖然導致每個孩子現有情況的原因都明顯不同，但此一動人的兒童團體卻都有某些令人驚奇的共通特性。

威廉——找到自己的永世真愛

平行面向的「雙生靈魂」

在前文我答應過多談些威廉的事。他是第一個向我展現靈球體意識，也是第一個以真實的人類兒童面貌來和我溝通交流的新小孩。當我第一次與威廉共同進行療程時，我知道當時有些奇怪的事情正在發生。我觀看他的宇宙能量場時，看到了兩個他。威廉之前有段時間曾去看過一位頗具天賦的治療師，而她也發現同樣的情形。她稱複製的威廉為他的「雙生靈魂」（twin flame，所謂雙生靈魂就是完全來自同一原始能量表現的另一個存在，通常他們都是以一對完美夥伴的形式出現，也就是說當兩個人在一起時，可真正地感覺到他們似乎成了一個整體。這是完美的愛！）

我從未見過或想過，「雙生靈魂」會是某個人的複製品，所以當我在觀看並等待指示時，我收到的訊息是：那是一個平行的面向，該平行面向的本質來自於銀河之間。換句話說，威廉的另一部分存在於另一時空的另一個星球上。

是的，這聽起來確實奇怪，但仍然是真的（此處要注意的重點是，並非每個美麗的沉默者都有一個平行的面向。我不希望你們認為，因為孩子身體有所限制，就代表他們脫離了多維序列）。威廉是第一個顯示出「雙生靈魂」現象的幾個小孩之一。時機湊巧，加上威廉的幫助，我們終於能夠糾正此一現象，其方法就是建立一個調和的橋樑，讓兩個面向都能個別地發揮功能，但彼此間都能和諧相處，雙方都不會彼此干擾。此後，威廉的情況就一直在穩定地改進。

威廉是美麗的沉默者。在寫本書時，他是十一歲，他不開口說話，由於身體上的限制，他也有空間與協調上的問題，但不論如何，他是個聰慧的孩子。他在家自修，數學程度已超過媽媽，而她很好奇，他一直不斷地進步，以後自己要怎麼樣才能跟得上呢！威廉和我曾有多次合作機會，令人驚訝的是，他的能量場以一種反常的速度在演化。當我首次與他合作時，威廉擁有的是水晶小孩的典型能量場：在所有如彩虹般的色彩中，他呈現的是深色調的珠寶顏色。由於他的平行面向干擾到他的能量場，使得能量運動的模式忽然進入一種不規則的方式。每次當我們為了某次講習會而聚在一起時，我就會發現威廉的能量場愈變愈精煉。在寫這本書時，他的能量場與萬事萬物都已能符節合拍，如此光滑又如此完美。

怪異的舉止與幽默滑稽的一面

這些小孩中有些人極端敏感，他們發展出來的氣質看起來似乎很怪異，需求也似乎與眾不同。但這些對他們本身的舒適感而言，卻是十分必要，有時甚至是攸關生存。威廉就很敏感，大部分時間他根本無法忍受穿上鞋子或衣服。這對他的家人或家裡的訪客來說，可能會有點惱火與尷尬！不過，他最近已漸漸適應穿上衣服，但卻完全無法進展到穿上鞋子。那是因為流經他身體的能量是如此強大，當這些能量從他的腳底逸出時，身體上可能並不舒服。事實上，他穿上鞋子後，雙腳就會發熱，使他覺得難以保持平衡。對他來說，當他可以直接感受到腳下的土地時，讓意識繼續維持在這世界會比較容易些。威廉的媽媽對兒子的怪異舉止一直幽默以待。威廉有件事廣為人知，就是當他從街燈下走過時，街燈會滅掉，還會發生其他的電力異常現象，例如整棟建築物忽然停電等等。當然，威廉的媽媽難免有時會對兒子發火，但她也學會了幽默看待他的一些奇行異事，並滿心喜樂地支持他。

從他首次以一個靈球體的形態向我現身起，便經常和我在例行的療程與療程之間進行心靈感應的交流。他會在我最意想不到的時間，忽然出現在我腦子裡，有時這會造成意外的「笑」果。最近，我正在紐約市的一間錄音室裡錄製一張指導孩童靜坐冥想的光碟，好幫助他們放下自己的問題、擔心與害怕，並找到正面的感受，如此他們才可以對外與人一起分享。這種靜坐可以帶領這些孩童進行內心的探索之旅，幫助他們打開心中那些裝有特殊內容的一個個小盒子。

當時我正在錄製其中的一部分，鼓勵兒童以任何他們想要的東西填滿他們的「想像力盒子」（這個盒子是空的，因為想像力是無限的）。我是個極端視覺型的人，所以我想像著自己看到並體驗到正在要求孩子們去做的事，突然間，一種熟悉的感覺出現了，我的現實開始變動，而我心眼中的那個小盒子突然塞滿了牛蛙，並開始滿溢出來，掉得滿地都是，還紛紛往外跳走。我知道威廉又侵入了我的現實。當我知道發生何事時，開始大笑。事實上，我還把當時的意外情況保留在音樂光碟中，因為我覺得聽起來也許會更有趣。

當威廉覺得他已經準備好接受更進一步的療程時，他會以心靈感應的方式和我接觸。他媽媽會寫電郵通知我安排約診，而當她知道我早已心裡有數時，有時會覺得有點困窘。不過她很會自我解嘲，所以想當然耳，最後我們都會笑得很開心。我們所有的療程都採遠距離進行，可能威廉具有穿越多維空間的天賦，所以當我要求他一起參與協助時，治療效果都很好。跟他一起進行療程時，也有輕鬆滑稽的一面。拿最近的一次療程來說，快接近尾聲時，我切斷了跟威廉的「連線」，但腦子裡還是充滿了各種小丑的模樣，到處都是！威廉讓這些小丑對我扮鬼臉，並做著傻里傻氣的事，我忍不住放聲大笑，他顯然是認為我們已完成了計畫的事了。我以心靈感應回覆他，我知道我們完成了，好的，沒問題，我知道了，威廉！

還有一次，在我們結束療程後，我的現實又起了變化，我看到一批長相怪異的人，他們看起來就像在一艘太空船的船橋上，而那艘太空船像極了影集「星際迷航記」（Star Trek）中的星際戰艦「企業號」。我在心眼裡看到的這艘太空船有點破舊，有個高個子的男子似乎是負責人。後來我打電話給威廉的媽媽，我問她，威廉是否對「星際迷航記」影集裡的哪個人物特別感興趣？她的回答，讓我吃了一驚。她說：「噢！妳是指那個個子很高的男人嗎？他是威廉最好的朋友烏魯（Ooloo），他常常和烏魯一起拜訪我姐姐。」

威廉常常去找他的阿姨，當然也是用他找我時的心靈感應方式，他也會去接觸他願意一起合作或聚在一起的朋友，讓他們知道他來了。他的心靈感應不只用在和我交流上，也擴展到能夠聽見他的人身上，他的人際網絡不斷向外擴大。他也介紹其他的孩子讓我認識，當他們已經可以接受我提供的療程時，他就會告訴他們。他引導著其他跟他一樣的孩子們，他會判斷他們能量場的進化情況，如果還不夠精煉，威廉會告訴他們要先暫時忍耐，當他們達到特定的進化狀態後，他就會將這些孩子帶來給我。

時空旅行，探訪雙生靈魂

一起「旅行」是威廉療程的一部分，也具有重要的意義。我們回到他的過去，甚至進入他在某些其他面向時的生活，這麼做當然事出有因。當我們生活在這一世與先前的諸世時，我們會與其他的人、地、事物交換能量。每次當我們進入一個新的生命經驗時，就會攜帶著當時為止的經驗與心得，但有時其中一些能量會無法正常運作或受損。威廉說他需要回到亞特蘭提斯一趟，他沒有解釋緣由，只是說這事很重要，他要求媽媽安排我幫助他回去。約定時間一到，我們真的這麼做了。威廉對重回亞特蘭提斯規畫得很縝密，他帶我一起去，在我自己的意識旅行中，我從來沒有去過那些地方。很快地我就了解到，威廉在結束那一世的生命時還有某些事尚未完成，所以他需要回去一趟稍作停留。當他完成已等待了幾世想要了結的任務時，那真是個偉大又令人動容的時刻。

在那次特別的探險行動中，我們完成了主要的任務後，還有機會到處逛逛。我發現自己置身在河畔的原野上，身邊開滿了各種野花，感覺上就如早春的景色。威廉在草地上奔跑，一路跑過了原野（在我們這個世界，走路對他都是一大挑戰，看著他奔跑的身影，真是美麗！）。他好快樂，笑著向我挑戰，要我追上他，他提醒我這不是不可能，因為我並非困在自己的身體裡！我們來到平原盡頭的一棟小房子前，下一秒鐘我們就在一個小房間裡了。威廉帶著尊敬與愛的眼神往下看，我跟著他的視線看過去，發現有個婦人抱著一個嬰兒。威廉說，這是他在這個時空中才剛生出來的雙生靈魂，也是他的永恆之愛，當時我感動得無法言語。那是個可愛的小女嬰，有一雙水晶小孩的澄藍色眼睛，眼神如夢幻般地靈動著，似乎承載著所有時代的智慧。威廉溫柔地觸摸著她的小手，而我可以看到，他帶著愛的心臟能量全部且確實地流入她的身體裡。我哭了，這個情景好美。想像一下，還有誰能在其他時空，找到他的永世真愛！

在那裡，威廉的身體不再殘障，他行動完全自如，並對能從那個飽受限制及功能不彰的肉體中解放出來，感到十分興奮。在宇宙中與威廉一起玩，當然很有趣，而我們以這種方式一起旅行的事實更讓人驚訝，因為他住在加州，而我住在田納西州！我們聲氣相通，心意相連，彷彿就在同一個房間。我們已經結伴旅行了好幾次，而我對這一切能成為可能，至今仍訝異不已。但事情確實就是如此，多練習幾次後，時空旅行變得愈來愈得心應手。

其他孩子也以同樣的方式站了出來，對我來說，這一直是個難以理解的經驗。一開始時，我當然會質疑自己的感知能力。大部分神志正常的人都不會四處走動，與看不見的靈球體交流，還將它們對應到真人身上！但這都是真實事件，且持續在發生，威廉只是開路先鋒。這些事並非多方湊合下的幻想，或是暫時性的精神失常，剛好相反，靈球體一個個冒了出來，真正且確實地進行溝通交流，隨著時間有愈來愈多的靈球體聯結著面孔、名字與家庭陸續出現。每天都是一趟驚奇之旅，而現有的證據及證人（孩子的父母與見證過這一切的其他人）也很多了，這些都證實了我的經歷，這些溝通交流的真實性毫無問題。有些父母也告訴我，在他們的孩子慫恿著要和我聯絡之前，他們從來沒有聽過我的名字。我們很快就發現了原因何在！

洛琳——渴望解放受限的身體

有一次，我人在亞歷桑納州的史考特斯德爾（Scottsdale），出席「歡慶生命」（Celebrate Your Life）會議，當時我正背對著房門與一名舊識談話。忽然間，就像威廉所做的一樣，我的知覺完全改變，我變得不知所云。此時，我聽到這麼一句話：「嗨，是我做的！」當時現場約有兩千人，但我很清楚當我轉身時將會看到什麼。有個很可愛的十一歲女孩在那裡，她有一頭如火燄般的淺紅色捲髮，一對大大的藍眼睛，神采奕奕。她看起來像是重度殘障兒，至少在身體上如此。但我知道得比別人更多！

浮在液態的愛中

洛琳癱坐在輪椅上，舉手或舉腳都很困難；她的頭垂向一邊，第一眼你會覺得她似乎對周遭的事都毫無知覺。不過當你靠近她，深深看進她的眼睛時，你會知道洛琳其實相當清醒且警覺，只是因為她受困在身體裡動彈不得。在得到允許後，我輕輕碰觸她，對我而言，她的能量場似乎是浮在液態的愛中。

我問她，她是否就是偶爾會跑來和我說一下話的小女孩，她的眉毛抬高了（「是的！」），我也這麼認為。洛琳和我以心靈感應談了好一會兒，她的媽媽凱倫被她女兒和我之間發生的情況逗得一直發笑。凱倫是個了不起的母親，與她們母女兩人談話，真是令人打心底高興。我們談了十來分鐘，直到參加下一場專題演講的人衝了出來，一時之間走道都是人。洛琳和她媽媽也去聽了那場演講。

美麗的獨舞者

那一晚在我入睡後，因為夢境被打斷而突然醒了過來。我坐起身，腦海中充滿了洛琳的畫面。一開始，我以為自己還在夢中，明白過來時，我已經起床且完全清醒了，我知道洛琳來找我說話了。出體神遊讓人最驚奇之處，就是沒有時空的分別，所以對洛琳來說，即使是深更半夜那又如何？洛琳最喜愛的歌手是黎安・萊姆絲（LeAnn Rimes），而她最大的渴望就是像芭蕾舞演員般高興地跳舞，從受困的身體中解放出來。現在，我完全清醒了，在心靈之眼中欣賞著她的演出。洛琳將她起舞的畫面填滿了我的腦海，她穿著芭蕾舞鞋，踮著腳尖，優雅地抬起手揮舞手臂，好像它們是沒有重量的翅膀，在快速旋轉與地板跳躍時，她用手環繞著身體周遭的空氣。在洛琳傳送給我的影像中，到處都是鏡子，無論看往哪個方向，都可看到她無數反射的美麗身影，毫無阻礙地飛躍過地板。我開心笑了，愛死了她甜美獨舞的每一分鐘。這是另一個擁有幽默感又美麗出色的新小孩！

隔天洛琳跟她媽媽一起過來，我拿她半夜突然造訪的事逗弄著洛琳，她抬起眉毛（「是的！」）並微笑。在那個週末接下來的時間，不論我到哪裡，常常都會被「到這裡來」或「到那裡去」的心靈感應訊息給打斷，而每次我都身不由主地依令行動。我會碰到——你猜那是誰？當然是洛琳！這些事都成了我和這位小女孩媽媽之間的笑談，我們在一起度過了很多快樂時光。

後來我與凱倫談起了洛琳的天賦，以及周圍的人如何被她所吸引。因為她從內心放射出完整的愛，即使她身有殘疾，依然是可愛得不得了。凱倫說，身為一個如此獨特、天賦不凡孩子的父母，最困難的部分就是要無視於她的孩子身有殘缺的這個事實。然而，受影響的畢竟只有外表與身體機能，如果人們能聽得見，就知道她的內在是完整美好的。

凱倫後來說起洛琳對那些遇到她的人，所造成的一些極不平凡的效果。例如，有三個不同的人在和洛琳相處過後，幾乎立刻同時戒菸，並成功戒除。而在遇到她之前，他們沒有一個人想過要戒菸。看起來，洛琳似乎天生就具有對某些人傳達及教唆特定治療手段的能力。

像洛琳這樣的小孩，對我們都是一門重要的功課。當我們遇到不符心中「正常」架構下的人或事時，常常會反射性地轉向強烈的反感或害怕，為了要適應社會，我們已被教導成害怕特殊反常的事物，我們從來都不具有平心靜氣且優雅地應付這些情況的必要技巧。那些存在於這些特殊孩童體內的天賦，根本難以估量。我們可不要錯失機會！

布萊恩——無家可歸的外星人

（作者註：毫無疑問地，這個故事將更進一步挑戰讀者對於現實的感受，因為這非常不尋常。請記得，新小孩會一直挑戰我們對現實的感覺！）

新小孩的獨特性跨越了時空，進入我們多數人並不熟悉的現實。此一不受阻礙、跨越時空的能力非常真實，而能去親身體驗更是極為美好。它要求我們放下所有自認為已知道的感知與現實，而這沒有錯！我們要向美麗的沉默者學習的地方還很多。

我在亞歷桑納州遇到洛琳與凱倫的幾個禮拜後，又動身前往明尼蘇達州參加幾名實力強大的「光之工作者」（Light worker）[①]的私人聚會。從一開始，這趟旅程就充滿了神奇。以電子郵件和我聯絡的是女主人南施，她問我是否願意參加在密西西比河源頭上游伊塔斯卡湖（Lake Itaska）所舉辦的一個私人儀式。這個時機點真是好極了，就在卡崔娜颶風蹂躪墨西哥灣海岸之後。在南施為我們夫婦兩人安排好了飛機班次後，我們就動身前往了。南施寄電郵來之前，我們兩人並不認識，我假設她就像大部分寄電郵給我的人一樣，都是從我寄出的通訊月刊上認識我的。事實上，完全是內心的指引把我帶去那裡。

在我們抵達後的隔天早上，我聽到有人問南施，她是如何聚集了這一批人，南施簡單地回答說，她的工作就是將「家族」的人召集過來。她解釋，她對週末聚會的想法就是治療與重新充電，如此我們所有人就能夠在重新充電與充分休息後回到世界，與他人分享自己的才能。當大家開始聚集起來吃早餐時，我走近南施身旁並問她，她是否在我月刊的收信名單上，她說不是。現在我真的感到好奇了，她說她的直覺告訴她要和我聯絡，所以她就這麼做了。雖然我覺得背後還有故事，但我不確定，所以就暫時不作聲。

光之語言

多年來，我在文章中不斷談起我稱之為「光之語言」（language of light）的東西。這是種概念性的語言，由於是一種純能量，所以在治療與教學方面都有很好的成效。「光之語言」是由生動的符號所組成，包含了各層級的全部教義，有時我甚至發現自己以這種語言來進行思考。我經常會覺得自己在這個領域內形單影孤；不過，這許多年下來，我慢慢發現也有一些人通曉同樣的語言。最近，我也開始遇到敞開心胸接受這種才能的一般人。

那天早上在早餐桌上，我認識了拉科塔蘇族（Lakota Sioux Nation）[2]的金鷹酋長（Chief Golden Eagle），還有他美麗的妻子瑪麗亞。金鷹酋長的別名也叫「站麋」（Standing Elk），他和我就像約好似地將話題轉向符號，當我們在談論這些事時，酋長明顯地對這些符號很熟悉。我興奮地問他：「你也熟悉這種符號嗎？」

他一言不發地從椅子上站起身來，往外走向他的卡車。他回來時，交給我一本筆記本，裡面的符號和我多年來一直努力鑽研的符號幾乎完全相同。我打開電腦，讓酋長看我所設計的一套卡片，內容當然都是符號。能找到同好，我們都極為高興。我們談到許多有關符號的翻譯，以及符號位置及方向的差異所代表的變化。讀者若想參考現存的符號，可以看看《拿戈瑪第經集》（*Nag Hammadi codices*）中的《真理的福音》（*Gospel of Truth*）[3]。這些古老的文件，是一九四〇年代在紅海旁的拿戈瑪石灰岩洞中發現的。它們明顯是諾斯底教派圖書館（Gnostic Library）的藏書，圖書館已被埋藏了兩千多年，這些藏書被視為異端。

翌日，班尼·李彪（Bennie LeBeau）帶來了更多拼圖的碎片，這個美麗又熱心的靈修者別名是「藍色閃電」（Blue Thunder）。班尼是休休尼族（Shoshone Nation）印第安人，大部分時間都花在以網格架構與聖地為基礎所舉行的治療地球儀式上。當他重新聯結到神聖的網格時，也順便治療水域，枯竭已久的噴泉會重新噴出水來，而且在班尼離開很久以後，水依然持續流動著。本來一片乾旱之地，再度擁有豐沛的雨量與水氣。我們開始交談，很快話題就圍繞著符號打轉。一點都不令人驚訝的，班尼也知道這些符號。在我們的談話期間，有時金鷹酋長也會加入，而南施就站在我們後面，臉上掛著一個自得其樂的滿意笑容。我們這些人為什麼會聚集在此的原因，很快就明朗化了。

陶盤的祕密

我告訴班尼與酋長關於威廉以及我們以心靈感應進行溝通的事，也告訴他們還有其他小孩也以同樣的方式和我接觸。威廉曾說他也懂得一些符號，所以我把我跟他的一些經歷梗概地告訴金鷹及班尼。一旁的南施聽到我提到威廉不能說話時，馬上就衝了過來抓著我的手臂，她的話說得又急又快，我根本會意不過來。「妳必須過來看看這個，我還以為這是個聰明小孩的作品，現在我終於懂了。看！這是我在某個工藝展買的，是從那孩子的祖父攤位買來的！」南施非常激動。「老祖父說，那個孩子還不會說話，卻一直不停地在畫這些符號。老爺爺不想說太多，談到孫子似乎會讓他難過。我還想，那個孩子一定還很小，現在我了解了，也許是我誤解了那個老爺爺的意思。」

南施一邊說，一邊走到她廚房的櫥櫃，然後拿出一件令人驚訝的陶器（見圖四、圖五）。它的形狀像碟子，從中心往盤緣的一圈圈同心圓上都是符號，每一圈的符號都不相同；中間區域還描畫著一個螺旋形的圖案。一見到這個碟子，我能量場內的那些靈球體馬上開始喋喋不休起來，全都興奮莫名。它們告訴我這個男孩迷失了，而我們可以幫他。天啊！生命開始變得愈來愈詭譎且刺激了。

當然，緊接著要做的事就是跟盤子的設計者聯絡。這個盤子是在一個手工藝品展覽會上隨手買的，所以我們不知道要如何找到這個家庭，最後還是必須靠心靈感應的方式來幫忙。即便當時我已經對如何跟這些小孩聯絡很有經驗了，但我還是不確定接下來會發生什麼事。一如以往，接著發生的事情真是太奇妙了！我們找了一處大家可聚在一起的地方，當我拿起盤子且開啟知覺後，資訊在忽然之間就湧進我的腦子裡。盤子的設計者以靈球體的形態來到我的能量場內，開始與我交談，我們稱他為「布萊恩」。我仔細傾聽布萊恩說話，並將談話內容與這個團體中的所有人分享。

我們問布萊恩，他製作這個特別盤子的原因。他說那是因為他知道有一天會有個合適的人看到它，並辨識出上面的訊息，然後和他聯絡，而這一切總算發生了（這是我一生中幾個重要的時刻之一，在這種時候，你知道自己所想的一切將會發生翻天覆地的變化。現實擴張了，這裡沒有「安全帶」綁住你，所以你不用在這趟旅程中有所保留。這股動力將會帶你到你要去的地方）。當我以雙手把玩著盤子時，我開始注意到圖案設計的特定模式。許多層次的不同符號，從外圍的盤緣開始往中心集中。

當我在手間轉動盤子時，布萊恩的平行面向開始以心靈感應的方式向我說話。他必須告訴我的故事，讓我有點驚疑。他說：「妳必須要以閱讀全息影像的方式來閱讀它，首先看看那些數字。」所以，我開始去數那些記號與符號。布萊恩向我解釋「他的族人」的起源，他告訴我，他在創作陶盤上所鐫刻的密碼，解釋了他們的DNA結構。他說在他星球上的人們，事實上有四種DNA分子鏈（我們人類只有兩種），而且其基因密碼子的數目恰好是人類的兩倍（一個密碼子是DNA或RNA分子鏈上三個相連鹽基的特殊序列，可以提供一個特定氨基酸的基因遺傳密碼資訊。基本上，這些密碼告訴我們的DNA應該如何運作及對RNA反饋。密碼子會告訴我們的身體，何時停止或何時開始經常發生在我們內在的一連串程序。某些密碼組也能在我們體內造成異常的活動）。

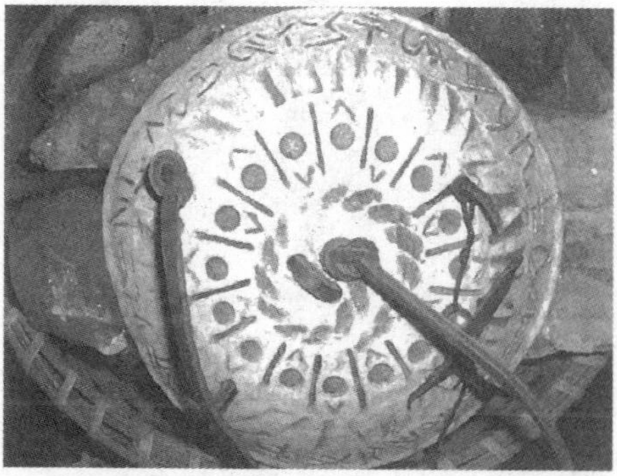

圖四：陶盤的正面，照片中很難看得出來細節，這是一個很淺的碟子。南施．庫哈塔（Nancy Kuhta）熱心提供。

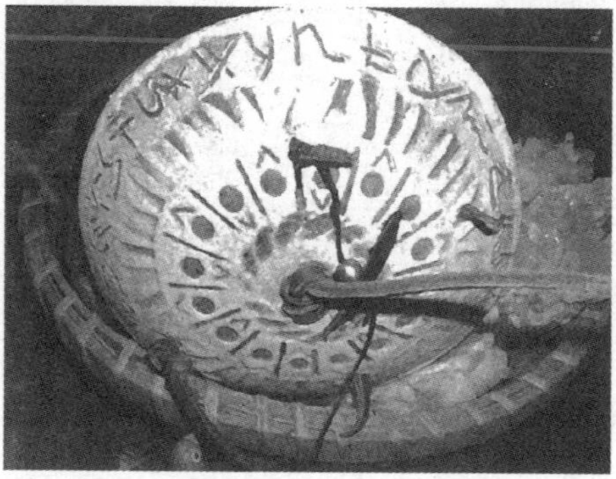

圖五：「布萊恩」創作的陶盤上，有一組符號，這些「密碼」解釋了他們族人的DNA結構。

史蒂拉星人的時空旅行

布萊恩告訴我們，他的平行面向是來自於史蒂拉星（Planet Steara）。他解釋，史蒂拉星人的DNA有全息影像的面向，彼此交流時很像是液態的水晶。液態的水晶會建立起一個流動的能量場，在其中的溝通交流都是立即且純粹的，而且能在極小的格式中放進龐大的訊息。他說我們人類的DNA能力和他們並無二致，只是演化程度略遜一籌。

布萊恩繼續跟我們說，史蒂拉星人的DNA能在平行的諸面向中進行有意識又完美的和諧交流。他說，此一基因結構也提供他們將身體「去物質化」（消失）的能力，以便在銀河之間穿梭旅行。換句話說，他們有能力打碎身體，變成最必要與最基本的形式，穿越時空前往其他現實、星球、星系、銀河等想去的地方。布萊恩也告訴我，他的族人擁有高度先進的科技，而且他們已經學會在「夾道」（in betweens）中旅行，這和蟲洞理論出自同一脈絡，但這個通路更為複雜，它要求旅行者必須做到特定層級的去物質化。這簡直讓人聽傻了，是自我發動版的「把我傳送上去，史考特」④。

布萊恩「講話」時，也以影像顯現他向所有人所描述的事物，我的腦中塞滿了另一個星球的影像，還有「夾道」以及微粒子的削減與同化等畫面。他向我顯現史蒂拉星人如何以其意識刺激粒子，導致粒子區分成不同的諧波關係，還有他們如何循著當作能量場的「夾道」，前往想要去的時空目的地。這就好像我剛好跳進一部科幻片的特效當中，而布萊恩就是這部片子的導演。

布萊恩說，史蒂拉星人遠比人類更進化。他們毋需使用語言文字來溝通交流，而是以心靈感應或符號的方式來溝通，符號攜帶了一整套完整的資訊，而且不能分開閱讀。布萊恩說，那些符號是一組組的諧波頻率，與我們的能量場相似。陶盤上的符號，述說了一個不可思議的行星掙扎求生故事，還有布萊恩的銀河譜系，甚至包括星球之間的協調運作。

史蒂拉星的毀滅

布萊恩甚至談到了我們銀河系中央的一個太陽系，那裡曾發生過大災難。似乎這個名為安迪昂（Andion）的太陽系，是以三個太陽為中心，進行橢圓形的旋轉（此一圍繞著太陽的旋轉是一個漫長的過程，在他的星球上，日子並不像我們在地球上的日子）。史蒂拉星的運行軌道，被銀河中央的一個黑洞永遠改變了（事實上，黑洞是宇宙間的一個平衡機制。當我們的宇宙擴展時，黑洞汲取溢出的能量，注入一個平行宇宙。在所有的宇宙中都有黑洞，而此一「制衡」系統維持了各現實平面的平衡）。

黑洞的超強吸力所造成的不平衡，讓布萊恩的原鄉星球被扯離了原來的正常軌道。星球軸線的傾斜，使得軸極轉移，結果造成擺盪效果，磁北及真北（true north）⑤都改變了，星球上重力的特性也跟著改變。星球的運行軌道不再是一個繞行三個太陽的橢圓形路線，反而變成了一個失衡的循環模式，就像一個沒有迴轉儀來平衡其軌道的火箭。最後史蒂拉星與一個新生的天體碰撞，立刻就消失不見了。

在安迪昂太陽系中原有十三個星球，現在剩下十二個。

在星球毀滅時，有大量的史蒂拉星人正在外面「出任務」。大災難發生時，他們不在星球上，因此存活了下來，卻面臨無家可歸的困境。布萊恩繼續告訴我們，在他們的太陽系中，有個星球的大氣是綠色的，雖然可以住人，但並不適合史蒂拉星人定居。他說那裡的空氣中帶著大量的鉱與鉬礦物質，他們的身體無法完全適應，但這兩種普遍的礦物質卻可幫助史蒂拉星人在宇宙和諧相處。另一方面，布萊恩也說到人類是碳基生命（蛋白有機體），對我們來說，史蒂拉星人看起來像是異類，但他說人類才是異類，因為我們的演化程度遠遠落後其他文明。他繼續說，史蒂拉星人的腦子完全是金屬線構成，如此他們才可以承載難以想像的科技。

傾聽美麗沉默者的訊息

史蒂拉星的文化是以全體福祉為依歸所架構而成，換句話說，每個人是以星球與彼此之間的最佳利益而採取行動。布萊恩說，我們人類所在的地球是個「壞星球」，因為我們並不關注那些對自己生存至關緊要的事。他說，地球上的人有事沒事就爭戰不休：

地球上的人，大部分就像被寵壞的小孩，每個人都想著其他人要爲他們的快樂負責，或要爲他們的悲慘生活而受責。這種想法就是自絕於好人，而且永遠不會有效。沒有一個人比其他人更好，而且如果你不改變這種思維方式，你將會失去熱情。大部分的人類看待與所有人有關的事務時，都會抱持著自尊自大的態度，因此封閉了他們有意識去接近更宏偉現實的門户。這是可以改變的，我們從錯誤中學習，而如果你們願意傾聽，我們可以幫助你們。有許多更清潔也更便利的替代品，比你們現在所使用的燃料更爲好用。現在你們所用的燃料，污染了你們環境的所有層面，並導致了地球失衡，而且其供應量也有限。

布萊恩還說了很多，但我們要抓住的要點是，在某方彼處，有個孩子擁有極大的能力與令人驚奇的科技水準，準備提供給我們這個世界。我要布萊恩像別的孩子一樣，找個方法現身來找我們，尤其是像南施這樣住在這一帶的人，如此他便能夠得到更多的支持以保持自我本色。讓人欣慰的是，後來布萊恩和他的祖母一起現身了！

我們那些美麗的沉默者很容易就蒙蔽了我們的感官，他們以受到限制（殘障）的外表出現，但其實卻有許多領域的知識可以提供給我們，只要我們願意開放自己去傾聽他們。首先，就是要對有其他現實存在的可能性抱持開放的態度，因為它們確實存在。下一步就是放下控制的想法，讓我們只是活在當下。當我們這麼做時，就開始了解自己一生中已錯過許許多多事情，因而會開始學著珍惜。讓那些小孩來教導我們，從他們的純真到宇宙萬物的錯綜複雜，這些都有待我們學習！

注釋

①「光之工作者」（Light worker）受到靈感啟發，藉著「讓他們發光」（Shining their Light）的光之能量來幫助他人。他們以此教學，也進行靈覺冥想、祈禱及治療，並頌揚普世之愛。光之工作者可能來自不同的靈性傳統或背景，但基本上都同意其所使用的治療之光，是由聯結宇宙內所有的人與事的宇宙能量所組成。

②拉科塔蘇族（Lakota Sioux Nation）是美國原住民的一支，領地包括內布拉斯加州、南達科他州、北達科他州、蒙大拿州和懷俄明州。他們是十九世紀最積極同美國軍隊作戰的原住民，並曾於二〇〇七年底向美國國務院遞交申請書，希望單方面撕毀其先祖與美國聯邦政府在一百五十年前簽訂的條約。

③約六十年前，在埃及的拿戈瑪第地區發現了被棄置的貴重「福音書」。這些經卷與後來許多經教會依法認可的福音書被總稱為「諾斯底派」（Gnostic）著作，其中就包括《真理的福音》（*Gospel of Truth*），但基督教人士視這些書為偽經。

④「Beam me up, Scotty」是「星際迷航記」影集的經典對白，寇克船長要他的運輸長史考特將他傳送回船艦時就會說這句話。

⑤真北（true north）是測量真方向時的基準方向。

第十章

過渡孩童

困擾這些孩子的難題之一是，他們常常覺得要爲自己深刻的理解力、經驗、洞察力及預知能力負責，於是反成爲自己天賦的受害者。

什麼是「過渡孩童」？

「過渡孩童」（Transitional Children）是一群非常特殊的人，他們是在靛藍小孩之後來到地球，在我寫本書時，他們的年齡大約在十六至二十二歲之間。過渡孩童來到地球的時機，正處於演化諸方勢力的交鋒期，他們帶著的能量也是混合包。這就好像當他們生成時，各種形式的能量都分了一點出來，放進他們的本質當中，然後再攪拌混合而成。他們不是靛藍小孩，但確實帶有一些靛藍能量（例如，他們很清楚自己所要接受的種種規範並非真理）；他們也不是水晶小孩，但他們的能量場中有些部分可依循水晶小孩的方式運作。在許多方面，過渡孩童通常是敏感且天賦優異的人。他們不是星星小孩，但也帶有其某些特徵，有些人非常優秀，生來就知道許多有關地球與其他更深遠世界的事情。

綜合靛藍與水晶能量

過渡孩童有時扮演著各能量勢力之間的「橋樑」角色，而這可能會是個極為奇妙的現象。例如，同時帶有靛藍與水晶模式能量，卻又能平衡得相當好的孩子，看起來卻可能很叛逆，而其實那只是一種另類的創意表現。

現成的例子是一名來自維吉尼亞州諾福克市（Norfolk）的年輕人克里斯．賈奈特（Chris Garnett），他加入了一個訴求動物權利的善待動物組織PETA，這個團體曾經抗議肯德基速食連鎖餐廳養殖場及屠宰場殘虐的殺雞行為。克里斯對這個抗議活動很投入，最近他所做的事還上了全國版的報紙，就是他把他的名字正式更改為「肯德基．炸．畸．達．康」（Kentucky-Fried-Cruelty-dot-com）。在這個例子中，我們可以看到克里斯具有靛藍小孩打擊規範的意識，也擁有關注社會的水晶能量，他說他的新名字「總是能引起熱烈討論」。

另一個令人驚奇的例子，是兼具靛藍與水晶能量的十六歲青少年法利斯．哈山（Farris Hassan）。法利斯曾經獨自一個人遠征伊拉克而獲得國際矚目，他是伊拉克後裔，家人定居美國已有三十年。照原定計畫，法利斯原本是趁聖誕假期參加校外教學，他收拾好行李，並依預定計畫動身。總之，後來法利斯沒有與同學會合，而是拿了護照與一千八百美元，自己輾轉搭機前往伊拉克。抵達目的地後，他發了封電子郵件通知父母，他人在伊拉克。

法利斯高中時曾參與深度新聞採訪，而他的打算就是親自體會伊拉克人民的生活，以便更清楚了解戰爭及戰爭對伊拉克人民的影響。法利斯也想要見證二〇〇五年十二月歷史性的國會選舉，即使美國國務院已警告美國人不要前往伊拉克，法利斯仍輕易地進入巴格達戰區。他抵達後，在幾名待在旅館的美聯社記者面前自曝身分，告訴他們：「我想我會為此再多走一些路，比如再走個幾千英里。」這些記者最後取得美國軍方的協助，讓軍隊護送法利斯回家，當他返回國門時，已有大批媒體等著要見他。這是兼具靛藍與水晶能量而產生社會覺知與驚人成就的一個例子！

黑暗的幻覺壓倒光明

沒有兩組過渡孩童的能量完全相同。受到新能量影響的小孩以許多不同的方式做出反應，而且未必會產生如上述年輕人正面與幽默的結果。這些孩子中，有些因為他們內部整個能量系統的混亂，會有過動或不穩定的現象。基本上，他們能量場中同樣的能量波動，既會帶來卓越的天賦，也會造成大量的問題；此一情況，也會成為穩定情緒及處理能力的變數。

過渡孩童對許多或甚至所有的現實平面，都有驚人的感知能力，但他們常缺少能夠合乎邏輯地結合這些經驗並應用到日常生活的技巧或能力。因此，他們當中有許多人會變得易怒、沮喪，甚至生病。他們普遍有一種感覺，就是他們身處的這個世界每樣都不對勁，但由於他們經常接收到大量直覺，同時還有來自其他世界的資訊不斷輸入，使得他們似乎無法為自己的感受與感知找出答案或解決之道。他們在三維現實以外的見識與經驗常常是如此怪異，因此他們乾脆關閉與家人、朋友的溝通管道，將這些經驗深藏在心裡。

有些過渡孩童看待現實的方式迥異於一般人，這些孩童經常看見並經歷一些指導靈、天使或已逝者的靈魂，甚至還有他們有時所形容的惡魔，其實那些不過是一些較低維度的存在（beings）[1]。在我專業上合作過的過渡兒童之中，有些小孩相當沮喪，因為他們沒有一點隱私，無論走到那裡，總是有一堆不屬於這個世界的存在如影隨形。等他們長大一些，通常會覺得沒有安全感，而且因為常常可以感受到暗黑世界的存在而深為苦惱。此外，他們認為這些存在之所以來找他們，就是要影響或甚至傷害他們。許多小孩從來沒有告訴過任何人，他們日復一日地生活在恐懼與困惑當中，倘若干擾的情況愈來愈嚴重，陰鬱與毀滅的感覺就會擴大。這些孩子中，有些人其實已開始相信自己被黑暗的存在所影響或佔據。但在多數例子裡，這並非事實。

這些孩子不了解，他們所看見的事物只不過是證實有其他現實位面的存在而已。因為其他人無法看見這些東西，他們開始相信自己不正常，心中逐漸產生一種深刻的孤寂感，於是反而成為自己天賦的受害者。對於過渡孩童來說，所有的事情都顯得沉重又具毀滅性，而當他們成長到青少年階段，其中許多人開始相信自己真的不對勁。這種自我否定與懷疑的想法，正在毀滅這些孩子。他們的心情變得愈來愈陰鬱，開始透過藝術創作來抒發自己的感覺，例如房間的裝飾擺設、穿著打扮的風格，甚至表現在行為舉止方面，而自我毀滅的行為極為常見。如果他們投靠的是黑暗的能量，便會涉及使用非法的毒品與（或）酗酒，有些人會意志消沉，甚至自殺，假以時日就會成為反社會分子，因為他們已經麻木了，不再關懷社會與他人。對這些孩子來說，黑暗的幻覺壓倒了光明。

我們大部分的人都有各種過濾器，讓我們不至於老是看到及感覺到所有的事物，但這些孩童並非如此。讓我們承認吧，即使是所謂「正常」的孩子在青春期時，要對付身體與頭腦裡的波動都已經很困難了，何況是像過渡孩童這樣擁有一組完全不同感受與感知的人，更增加了許多新奇與不確定的變數。並非所有的過渡孩童都會被這類的感受與經驗所壓制，但那些受到影響的小孩就常常會受到極大的影響，有些醫生會將此情況貼上「精神病」的標籤，但其實不是如此。

有些過渡孩童會表現出一副無所不能的樣子，超乎所有的人事物之上。當他在與其他人相處時，便會表現出此一特性，且逐漸不再尊重權威。即使是選擇比較正面途徑的過渡孩童，也常會因為無法負荷而生病，例如體重減輕，出現沮喪的徵兆，以及身體出現醫學上無法解釋的症狀。看起來這就像他們對整個世界感到悲傷，他們被自己的天賦所壓制，並在他們的旅程中迷失了。

就如同水晶小孩般，許多過渡孩童也很敏感，他們能感受及注意到所有的事。這些孩童的混合能量場放大了正常的敏感度，想像一下，如果將你不論好壞的所有感覺都乘以十倍，而且在你這一生中時時時刻都是如此，你的感覺是如何？擁有極高的覺知能力及敏感度，一切都超乎尋常的敏銳，因此感情上的創傷也會被放大到遠非「正常」人所能感受的程度，這就是這些孩子日復一日的真實感受。許多過渡孩童的藝術天賦十分出色，而他們也會運用藝術才能，以戲劇性的方式來表達自己感情的深度與寬度。

幾年前，我曾治療過的一名年輕女孩，她說她對自己從未擁有任何隱私深感沮喪。不論她在那裡或做什麼，總是會看到魔界生物、天使或指導靈。當她外出散步時，她說就好像有多維的隨行人員般一路緊跟著她。她告訴我，在某種程度上，她覺得自己好像永遠擺脫不了被人跟蹤，而這把她嚇壞了。因為她的這種天賦，她從來沒有獨自一個人過，也因為這些親身體驗，她開始知道一些甚至不能與媽媽分享的事，即使她和媽媽一向很親近（媽媽對女兒一直都很支持，而且是我們一起合作的推動力）。女孩說，她不覺得可以將發生在身上的事情告訴任何人，因為它們是如此詭異，讓她常常質疑自己是否精神有問題。她因此變得容易受到驚嚇且缺乏信心。

她開始病懨懨的，且情況愈來愈嚴重，沒有任何人知道為什麼。當我第一次跟她碰面時，她已病了好幾個月，身形消瘦，眼下有兩個深黑色的黑眼圈，整個人了無生氣，所有的醫學檢查都找不出答案。當時她很不舒服又疲倦，而讓這個美麗女孩的生命起死回生的唯一方法，其實只要有人可以告訴她，她所經歷的一切都是真實的，就是這麼清楚，這麼簡單。

我們在一起談了好幾個小時，在她告訴我她的經歷後，我告訴她：「如果妳經歷過這些事，那妳一定也知道關於……」她睜大眼睛看著我，並說她從沒告訴過任何人這些事情，那我又是從何得知的？她大吃一驚，也鬆了口氣，因為她終於知道還有其他人也有相同的天賦。在結束療程後，女孩已經比較能和其他人相處了，身體情況也逐漸好轉，卸下背負並隱藏許久的恐懼，她開始享受人生，甚至還交了男朋友。

隱藏敏感與覺知的過渡孩童

隱藏感受與經驗的過渡孩童厭倦了，其中也包括生理緣故，他們因為高度敏感性，而大量消耗體內維持生命的基本礦物質。首先消耗的是鎂，然後是鈣；而像鋁等其他礦物質則開始進入細胞受體中，即使它們並不屬於那裡。過了一段時間後，身體會產生毒性或出現官能障礙。第一次感受到這種現象出現，有些孩子覺得彷彿被吸乾了一般，覺得好疲倦。對能量敏感的人，可以確實地感受到這些孩子的能量不斷向外流，為了要把能量往回拉並予以平衡，負責治療的執業人士特別需要耐心。

過渡孩童也容易受到感染，以及罹患其他莫名發生又莫名消失的病症，這些病症連醫界也無法確定診斷。我稱此為「宇宙症」（cosmic illness），因為它的起源超過了三維空間的生物起源。過渡孩童特別需要自我肯定，他們需要知道自己和別人一樣，而且不是只有自己有這些經驗。光是「覺知能力」這一項，就足以影響孩子是否能回到正面的生活，或是感覺活不下去。

這種情況看起來，似乎是這些孩子有朝向兩極化發展的傾向，他們要不是會因其天賦而取得力量，就是能憑特殊的天賦而「感知」到力量。換句話說，他們要不是天賦愈來愈強，就是會開始思考利用其天賦來獲得凌駕於他人之上的力量，即使是以惡意的方法。這些孩童可以選擇要走哪條路，但他們的選擇是由經驗來決定。我發現選擇的結果，多半與這些孩童是否獲得支持有直接關係。那些得到支持及栽培的人，會努力鑽研他們的天賦，並與其一起成長。相反地，那些一味隱藏自己強烈的敏感度與覺知能力的小孩，會隨著時間逐漸變得煩躁或病懨懨的，覺得無助又無望，其中有些人開始與源自於負面影響力的勢力接觸，變得自暴自棄或對他人暴力相向。

布列坦妮——自我貶抑而厭倦生命

我治療的第一個過渡孩童是一名十五歲大的女孩，這是我一個心理學家的朋友轉介過來的，我稱她為「布列坦妮」。因為家庭關係，布列坦妮將她驚人的天賦轉化為全然惡意的行為與巫術。她煞有介事地操弄黑魔法，擁有很強的力量，她的能量場以一種令人不舒服、想要征服身邊所有人的方式充塞在房間裡。她的母親顯然受到女兒的威脅恐嚇，當女兒大聲叫囂著褻瀆的語言時，她只是安靜地坐在一旁，不敢反抗，甚至連反對的表情都不敢表露出來。我後來發現，這個年輕女孩經常向家人發洩她的憤怒與暴力，當時所有的人都怕她。

布列坦妮其實已開始了她自己的女巫聚會，演練黑魔法，時間大部分都在晚上。她和她的小團體性雜交，做出很多脫序的行為。集會的時間、地點，以及參加的人有誰，大家都不是很清楚。布列坦妮似乎不認為自己的行為有何不對，事實上，對於這些行為她還頗為自豪。布列坦妮和她的那一群朋友深夜在街上閒盪，做出大部分人都覺得十分糟糕的事情，她壓根沒想到這麼做會傷害別人，當時的她認為暴力與威脅行為可以彰顯及加強自己的能力。

她也發現自己和某些朋友有能力去影響別人的想法與行為，能使用自己的天賦做為操縱他人的武器。布列坦妮了解應用自己的心靈感應可獲得好處，於是她常常使用且用得愈來愈得心應手。在她能夠巧妙應用她的天賦之後，她更是妄自尊大，她的家人怕死她了。沒有人能夠阻止她外出或限制她的行動，她的父母對於如何管教她也一籌莫展。就許多層面來看，這個家庭的功能已經嚴重受損，家人之間失去了凝聚力量。可能有人會辯稱，布列坦妮之所以出生在這個家庭，就是為了成長與學習。

當她媽媽帶她來見我時，布列坦妮根本不理我。她出口就是褻瀆挑釁的字眼，還架設了巨大的能量屏障，像堡壘般環繞著她。感覺上她帶著全然的惡意，似乎從一出生就帶著很深的怒氣。當我了解到這對母女都無法輕鬆地跟我溝通後，我覺得很沮喪，所以我決定以布列坦妮的方式來和她交談：我將她對我所表達的惡意與其他事全部反射回去。我不屈不撓的愛讓她感到驚訝，她開始有了正面回應，終於同意進行療程。她的能量場是許多種能量的混合物，雜亂無章。療程結束時已經可以看出改變，這個女孩來時就像一頭獅子般的惡意喧鬧，離開時卻帶著一個寧靜的微笑，還給了我一個大大的擁抱。

遺憾的是，隨著時光流逝，布列坦妮再次選擇了自我貶抑的道路。她企圖自殺被送進了醫院，對於自身的存在有非常負面的想法，對於這類情況，我的幫助十分有限，因為她已讓自己玩這種把戲太久了。後來我接到她妹妹的一通電話，她只比布列坦妮小一、兩歲，同樣顯現出類似的行為而處於危險狀況。這是另一個極具天賦的孩子，在她墜落時卻沒有網子可以接住她。

最後布列坦妮變得對生命毫不眷戀，也厭惡一切事情，從此一病不起，願她的心與靈魂都能獲得庇護。令人感嘆的是，她擁有許多美好的東西可以帶給我們，但似乎無法在不了解她的世界上找到一個可以發揮的利基點。這是一個缺乏溝通技巧的家庭，在面對一個力量強大的孩子時，無法根據她的天賦，以建設性的方式來支持及培養她。他們不知所措，也無法全心地認真參與，就算給他們全世界的專業協助，也無法扭轉情況。

有時，這個社會無法提供像布列坦妮這類的孩子一些迫切需要的東西，到最後他們只好放棄。這是令人悲傷的社會實況，我們似乎無法打心底接受那些和自己有著巨大差異的人，尤有甚者，我們還在這些孩子身上貼著「殘障」的標籤，最後連他們自己也覺得「殘障」已成了自己的身分識別。我個人認為，此個案之所以失敗的最主要原因，是我們對「不正常」的一種恐懼與害怕，如果布列坦妮的天賦從一開始就獲得家人支持，結果會如何呢？如果她學到的是對自己擁有的天賦引以為榮，那又如何呢？如果……？現在，我們永遠都不會知道答案了。

希瑟——勇於面對自己的負面

另一個過渡孩童在她母親的要求下前來找我，她媽媽是我的朋友兼同事，這個小孩後來的發展就大不相同了。希瑟和媽媽來赴約時，我看得出來她並不情願。我想，部分原因是因為我們認識多年了，她可能覺得有些尷尬。她們抵達時，我擁抱她們兩個人，帶她們來到私人診療區。

希瑟十六歲，嗑藥、男女關係混亂，還有暴力行為，就算她拿刀子砍人，也毫不以為意。事實上，她還笑著告訴我這些事。她對於其他現實有高度的覺知能力，加上她深陷負面的行為模式，因此希瑟判斷自己是被某種惡魔附身。她說自己有許多莫名其妙的念頭，常常控制不住脾氣，她認為自己的惡形惡狀是受到黑暗世界的煽動，因此她不能為被惡魔附身所做出的事情負責。基本上，她是想告訴我，她沒有犯任何錯，做錯事的是那些在她腦子裡不停說話的人，她不願面對在自己生命中做了不好選擇的這個事實。

我靜靜坐著聽她說話，看著我所認識的那個小女孩竟然成為如此卑劣的人，也了解到希瑟已經說服自己完全相信這些事，因為她找不到任何的解決辦法。對於她所經歷的這些，沒有人可以給她答案；雪上加霜的是，她的父親在幾年前離家了。這件事似乎更證實了希瑟的想法，那就是沒有人要她或愛她。她用這樣的信念來武裝自己，她要證明內在的天賦根本毫無價值。在這個案例中，她的超級敏感（過渡孩童的特徵）重重打擊了她的感受而失去平衡，於是她對它們採取了否定的態度。

希瑟說完話後不久，我開始跟她交手，我的做法是經常變換戰術，讓她無法保持平衡。她試著表現出一個並不適合自己的角色，而我根本不予理會。當她開始談到更多被惡魔附身的事時，我阻止她，並將她送給我的否定話語一五一十地反射回去。「胡扯！」我說：「如果妳真的被鬼上身了，在妳進來時，根本就無法擁抱我！妳只是找藉口，好讓妳的行為看起來情有可原，而我根本連一分鐘都不會相信這些話。」她的眼睛張大了一下下，然後又回復惡狠狠的樣子，面對面地接收她充滿恨意的表情，這個經驗令人印象深刻。希瑟繼續努力地想說服我說有某個存在迫使她做那些壞事，我則以完全相反的純愛能量告訴她，我知道她的真正本來面目，而我所認識的那個希瑟，不可能會甘願乖乖就範。我們對陣了好幾回合，最後她終於同意和我一起做一些能量治療。

開始進行療程時，我注意到她的周圍確實懸浮著一些黑暗的物質，但它們是希瑟嗑藥以及做了一些自我憎恨行為時所招來的。那些黑暗物質並未讓她做出錯誤選擇，它們是結果而不是肇因。正如同在過渡孩童中所常見的現象，希瑟的能量場歪斜且混亂，整個能量系統雜亂無序，她的能量不像靛藍小孩或水晶小孩，而是非常繁雜，沒有什麼特別但又包羅萬象。

進行療程時，我告訴她「愛」與「無條件的接受」，我說，她不是自己一直相信的什麼負面東西，我眼中的她很美麗，我是真的這麼認為。我看到也感受到希瑟的痛苦，並回饋給她同情與愛。我談到她的天賦，也親切表達了對於她迥異於他人的情況可以感同身受。我談到愛以及愛的力量在消滅怨恨與自我憎恨時，可以造成相當大的影響。我告訴希瑟，我不想再聽她說任何有關她並不完美的說詞，我知道她是個出色的人。我們也談到她許多超脫塵俗的經驗，我一一地解釋給她聽，釐清她對發生何事的疑慮，這對她來說真是一大解脫，她開始明白擁有覺知的能力，並不一定表示擁有權力。

困擾這些孩子的難題之一是，他們經常覺得要為自己深刻的理解力、經驗、洞察力、預知能力負責，於是成了自己天賦的受害者，至少他們的想法是如此。他們不用為那些自動上門的資訊負責，通常一旦找到某個人願意真實地對待他們，並能了解他們所經歷的現實，這些孩童通常會徹底改變，因為他們的恐懼與擔心已獲得撫慰。

在一些強度更大的療程中，希瑟有時會為了消化我們的談話而想得出神。她用心傾聽著，但在面對自己的負面時，她接受事實的能力受到了阻礙。總之，最後她勇於接受改變，她的能量場回復平衡，其中的障礙物也清除了。此後，她完全扭轉了自己的生命，那個清爽又樸實的女孩回來了，她還學會了從正面的觀點來看待自己。她的生活也開始顯現出這些正面的改變，這是因為她置身於一股正面的潮流中，正面的變化也隨之發生。所有認識她的人都愛她，她也善用自己的高智商擬定了未來的種種計畫，選擇了適合她工作與休閒的環境。希瑟當起了保姆，她興高采烈地說這些受她照顧的孩子與孩子的家人都很喜歡她；而她本身也受到自己家人的支持。她現在已經二十一歲了，決定要好好地過日子，拋棄以往所有的惡行惡習。她堅守自己的計畫，我以她為傲！

過渡孩童需要真正的關心

過渡孩童有易怒的傾向，他們不容易進行理性思考。我發現和他們進行療程時，最好的方法就是說話的腔調和姿態都要經過「變裝」。有時唯一能引起他們注意的方式，就是「以其人之道還治其人之身」，換句話說，就是用他們說話的方式與字眼來與之交鋒，對他們來說，效果就像照鏡子。重要的竅門是別隨著他們起舞，只要反映出他們的行為就好。一旦引起他們的注意（通常他們會很驚訝，一個專業人士竟然會有這樣的行為），就可交流真實的愛。他們的高感知能力，可以判斷真偽而做出反應。

這些孩子會從成年人、同齡朋友以及媒體上學到欺騙與自我毀滅的行為，他們經常會用所學到的東西來證實自己的感覺：是自己的天賦使他們變成怪胎或什麼都不是。這些孩童必須獲得正視並給予鼓勵，我們要教他們如何掌控天賦，朝向正面的道路成長，最重要的是，他們的溝通技巧必須多加訓練與利用。

當孩子開始排斥其他人時，常常是因為他們缺乏處理事情的技巧。他們常會覺得將強大的感覺藏起來，比冒著風險暴露或受到傷害要安全多了。這也可能代表沒有人肯聽他們的真實心聲，一個受到忽視的孩子會開始相信他們不值得被人傾聽。這些孩子必須獲得認同，即使我們未必能了解他們的經驗；我們無法了解，並不代表他們所說的事情有一絲一毫的不真實！沒有什麼好害怕的，高度的知覺能力不會傳染。

溫和、穩健的機構對這些過渡孩童也很有幫助，這不是指設置一堆限制與要求的組織。我們主要的目的，是讓這些孩子有可以參與的一些活動與目標。當這些孩子知道要期望些什麼時，就會感到舒坦自在了。如果出生在忙碌而無法彼此關注的家庭，大部分的過渡孩童都會遭遇重重困難，破碎、缺乏溝通技巧，或是缺乏健康生活的家庭也是如此。假如能對他們的生活有個妥善的安排，讓這些孩子知道有真正關心他們的人，在這樣的規畫中，還可設計一些小方法，讓這些孩子能在可預測的環境中自我測量他們是否安全；並讓他們依照設定的規則而完成某些事，以自我評估及驗證自己的能力。

過渡孩童不是叛逆的青少年。由於他們的所見、所聞與所知似乎其他人都無法了解，這讓他們的內心深處很惶恐。傾聽他們，別因他們的怪異想法與觀點而妄加評斷。敞開心胸、坦誠的對話是值得鼓勵的；我們還有很多事都要向他們學習！

注釋

①狹義上來說，存在（being）是相對於思維，而與物質同義的哲學範疇；廣義上，則是相對於「無」而與「有」同義的範疇，這是一切物質現象和精神現象的總和。「存在」是所有天下一切你能想到的任何東西，本書中的「存在」，可能指人、生物、生命體、能量，包括神、天使、惡魔、靈魂等均屬之。

第十一章

地球上的天使

我有翅膀，我覺得我必須走出去，走進世界，分享愛的訊息。

——麥可

幫助我的那位男士是個天使！

綜觀人類的歷史，我們都曾讀過或聽過有關天使降臨地球來幫助人類的故事。在不久前，就在我千鈞一髮地避開一場車禍時，這些令人驚訝的共通現象居然巧妙且生動地現身說法。

當時我車子開得很快，忽然間，我發現前面路上橫著一根又長又大的方形柱子。在我還未弄清楚發生的事之前，我已輾過那根木柱，駕駛座這一側的兩個輪胎瞬間爆胎。從這一刻起，似乎所有的細節都以慢動作進行，我能精確覺知到每個細節。

「天使！」我發出請求，「救我！」駕駛座這一側的車體騰空了，我當時傾斜著車身，以兩輪高速向前行駛。我當時是在快車道，必須駛向路肩，一路上居然沒有撞到任何車子或人，車子也沒有完全失控，但失去平衡的車子還是令人感到危機尚未解除。突然間我收到冷靜的指示，一時之間根本來不及細想。「放鬆，」有個聲音說，「別慌，像這樣輕輕地轉動妳的方向盤，不要轉太多，否則汽車會翻覆。」這我明白！「現在，利用車子的動能來駕駛。小心轉向另外一條車道，現在就轉！就是這樣。現在輕輕踩剎車，這樣車子就可直直地停住。好，好，靠路邊，慢慢停住。」

儘管我身處險境，但當我遵照這些指示行事時，卻覺得冷靜而從容。後來我下車查看毀損的車身，才開始害怕得渾身顫抖。腎上腺素大量釋出，流遍我的全身。我不加思索地打開後車廂找備胎與千斤頂，大概過了一兩秒鐘後，我才發現車裡只有一個備胎。當時我大概驚嚇過度，情緒不穩，才會想到使用千斤頂。

「上帝，我需要一個天使。」我用手撐在汽車上時說道。禱告完後，我抬頭就看到一輛廂型車從路中間迴轉朝我開了過來，停在我的身旁，一個親切的老紳士下車。即使情況危急，我還是注意到，這個救援者的周遭環繞著一圈光環。他非常安靜，簡短的幾句話很冷靜，他只說必要的話，絕不多言。他幫我做了所有的事，在他離開之前，我問起他的名字。他給了我一個名字，還說他就住在某個我很熟悉的社區裡。後來，當我試著找他以感謝他的幫忙時，才發現根本沒有這個人，他留給我的地址也不存在，沒有人聽過或見過這位溫文爾雅的救難英雄，他不屬於這個地球，我的祈禱得到了回應，來了一個天使。

類似的故事不勝枚舉，天使下凡救難，然後迅速消失不見，再也不曾聽聞。像這樣的天使互動，是典型的守護天使。

然而，我在本章所要談的天使截然不同。他們以人的形象降生在這個地球上，他們也長著翅膀，但不是每個人都能看得見，但確實有些人可以。這些孩子有一種飄然出塵的氣質，筆墨難以形容。我見過的幾個，都經歷過非常痛苦的時刻，他們為人類感到哀傷。他們不認為自己真的屬於此一時空，他們了解上帝、聖靈及聖光（the Light），也因為了解而在內心深處產生了深刻的感受。

麥可——分享愛的悲傷天使

大約在七、八年前，我接到來自某個好朋友的電話，他要我跟一個二十出頭的年輕人談談，她覺得她認識的這個年輕人可能有麻煩了，她說只要我和他談談就能了解。那時的我還在想辦法找到自己的覺醒之道，而我很興奮地想要聽聽這個年輕人所說的故事。我稱他為「麥可」。

在我打電話給他之前，他就先打過來了。麥可一開始有點害羞，他獨自一人住在美國的另一邊，透過電話我可以感覺到他的悲傷。麥可慢慢對我卸下心防，說了他的故事，當時我真的想好好擁抱他。

我有翅膀，我覺得我必須走出去，走進世界，分享愛的訊息。去年我眞的跑去環遊世界，我去了歐洲，打著赤腳到處漫遊。

我沒辦法穿鞋子，因爲那就像把我的雙腳放進盒子裡一樣，我需要讓雙腳直接感受大地，因爲這能幫助我駐足在地球這個現實上。我常常覺得自己在這裡一無所有，我眞的需要幫助。

旅程中確實有些美好的經驗，尤其是前往佩卓．皮奧（Padre Pio）[①]教堂時（佩卓是個虔誠的教士，以奇蹟式治癒他人而聞名。他的身上有個小聖痕，與耶穌被釘在十字架上留下的傷口一模一樣）。到了那裡時，我感受得到光明、愛以及他所行的奇蹟，而那讓我覺得很舒服。我想辦法得到他的一隻手套，手套中所蘊含的能量是個寶藏，對我也是個很好的提醒——一個人可以影響其他人。

我不知道該怎麼做，或下一步要去哪裡。但我知道我必須分享我所知，並去感動人們，治療他們的身體、心靈與靈魂。然而，現在的我既孤單又迷惘。妳可以給我任何有幫助的資訊嗎？

我閉上眼睛，以能量方式注視著這個人。他真的有一對翅膀，是白色的，邊緣還有著閃動的金色光芒。他全部的能量場是如此地接近完美，金色的光芒是如此耀眼，即使是用意識也無法直視。上帝！這是另一個現實轉移！雖然當時我已有一些親身經歷，卻從未預期能透過電話認識一個天使。我們談了好幾個小時，他深刻的悲哀從話語間逐漸瀰漫了出來。他是如此的徬徨無依，甚至連邏輯性的對話都很困難；他的靈魂又是如此純潔。對麥可來說，人類所承載的傷痛實在太大了，他覺得自己太渺小，即便有心想為地球帶來任何正面的改變也深感無能為力。

我以人類的深刻洞察力，幫助他了解同情、愛與選擇。我跟他談到他個人情感上的脆弱，既是財富也是困難。他的純真，讓他無法了解何以人類無法了解上帝、榮光與愛。好一陣子我只跟他談世俗的事情，例如他的身體需要食物與睡眠。他曾經有過一段時間不知如何維持俗世的身體，因為他最優先考量的是他的任務，因此常忘了要吃飯，也睡得很少；他精疲力竭，體重過輕。

麥可充滿了愛，而這就是他想要與所有人分享的訊息。「你就是愛。」我說。「是的，我就是，」他回答，「而這也是我帶來的訊息。」

「麥可，」我說，「你必須牢記如何使用翅膀，這對你這趟旅程很重要，你可以用翅膀做好多事，可用來感動別人，可以撫慰人心，也可用它們來療癒人類。」

他說：「我好累，但我必須繼續下去。」

「沒錯，但如果你不花點時間來恢復及補充體力，你不可能完成你的任務。」

「我知道，我只是不知道要拿這個身體怎麼辦。每個方面，我對它都很陌生。」

我給了麥可一些建議，告訴他在目前的狀況下要如何找到平衡點，並如何打好基礎，以便能更安全且有效地發揮他的功能。出現在這裡的這個完美天使，被困在一個不完美世界的一具不完美的身體中，而他的浩瀚情感幾乎要壓垮他。

在結束談話之前，我問他下一步打算做什麼。他說可能會漫遊到別的地方去，他說他想去西藏看看。我要他經常打電話給我，但他從此音訊全無。我好奇他到底發生了什麼事，我衷心希望他完成任務了。

卡拉——能感受一切的沮喪天使

幾年前我曾造訪過加拿大，出席一個研討會。當時有個學員為了她十六歲的女兒來找我，在此我稱她的女兒為「卡拉」。這個女孩病了好幾個月，所以她母親問我是否能為她女兒安排一次療程。

約診那一天，我安排她在最後一個，如此我們就可以不受時間限制，也不會受到任何干擾。我走進會客區時，立刻就注意到了卡拉的情況。她全身散發著哀傷，身形纖瘦，雙眼下有大大的黑眼圈，但她十分美麗。在我感受到的哀傷氛圍中，還夾雜著某些從未遇過的獨特能量，但她的哀傷是如此沉重，已快把所有的能量淹沒了，而這使得她的生命力非常微弱。她媽媽人很好，給我們許多私下談話的空間。一開始，卡拉因為還不了解我而戒心很重，但很快地，我們建立了一個談話內容的「安全區」，不涉及任何她擔心會洩露的事情。時間一分一秒地過去，我們之間的談話氣氛也愈來愈放鬆。

卡拉告訴我她一直覺得她有一對翅膀，但卻沒有人能看見並證實她的話，這讓她感到十分沮喪。她同時生活在多重現實中，但在人類這一個次元中卻沒有任何適合的人可以讓她去接觸及分享。因此，在人間的卡拉陷入宇宙的②沮喪中。她適應不良，沒有人能了解她。

「我有翅膀，」她說。

「是的，」我說。「我看得見。」

「對我來說，它們是如此真實，所以我在背部刺上了翅膀圖案，讓我可以在鏡子裡看見它們。我的翅膀是『藍色』③的。」

「多有創意啊！」我想。

事實上，她真實的翅膀是偏粉灰藍色，發射出陣陣光芒，沿著邊緣散發著朦朧又透明的藍光。看起來很脆弱，但我知道它們不是。

「我很害怕！」她開始猶豫不決。

對於她的發言，我都禮貌地沉默聆聽，眼睛直視著她，表示我對她所說的任何事都開放以對，而她告訴我的任何事，我都不會覺得奇怪。為了取信於卡拉，我也告訴她我自己的一些奇怪天賦，讓她能繼續和我談下去。

我害怕，是因爲我看得見所有東西，更糟的是，我也能感受到所有東西，我不知道要如何在這一切中取得平衡。不論我到哪個地方，都能看到其他像我一樣不知道自己是誰的人，我看到天使、指導靈與亡者的鬼魂。黑暗的存在跟著我打轉，一直監視著我。它們的樣子變化莫測，但我能感覺得到，它們是以某種方式跟蹤我，我走到哪裡，它們就跟到哪裡。

我看到其他現實與地球這個現實混和交融，不知何者是「眞」，何者是「虛幻」，這讓我十分困惑。糟糕的是，我已記不得要如何保護自己，我沒有任何能量。當我試著移動時，感覺身體好沉重，幾乎動不了，但我還是一試再試。我已經病了好幾個月，我覺得自己已走到最後一程了。

卡拉說的是真的。

我深深地吸了口氣，告訴自己，要做的事情可多了。我小心翼翼地把她說的一些話反芻過一遍。我們談到了多維的現實、不同的能量以及她看到的所有存在，在整體的現實中代表著什麼意義。

我把她的天賦、經歷，跟我一些類似的奇怪經驗相比較，然後我指出她曾經有過的某個經歷，然後我告訴她：「如果妳有這個經驗，那麼妳一定也看過其他的。如果這事曾經發生，那就代表妳也曾經歷過其他那些事情。」她的眼睛因為詫異而睜大。我說的這些事讓她很興奮，總算有人能將她所經歷的事聯結在一起了。我們談了三個多小時，不斷地談到我們所經歷過的一些心靈體驗。最後，卡拉和我走進診間，一起進行治療。

她的能量場就像天鵝絨般柔軟光滑，但是顯然一片混亂，到處都是靜電干擾，這是她情緒化想要處理其他世界的經驗卻沒能成功所留下的後遺症。隨著療程的進展，卡拉變得愈來愈強。我提醒她要如何保護自己，並解釋她所見到的許多存在，只是對她感到好奇罷了。畢竟，在三維世界中出現天使是有點反常！

最後，我總算看到並感受到她全部的能量場已經能平衡地移動。我們這個三維空間對卡拉造成很大的傷害，導致她的能量場支離破碎，能量通道雜亂無序，很容易就會找不到正常路徑而誤入歧途。除了這些之外，最重要的是卡拉有心要恢復健康。也很重要的一點是，她已經知道自己並不孤單，她的所有經歷都是真實的，且擁有這些經驗並不是壞事。

卡拉的能量場緩慢卻確實地對治療開始有所回應，我也親眼見到在她整個能量系統內，能量已停止外洩，一層層地逐步恢復正常，她的身體也恢復了生氣。我知道卡拉會慢慢恢復正常，重拾健康是遲早的事。每當我回想起和卡拉一起治療及一起分享的過程時，心裡滿是感激。知道曾經有個天使就近在身旁，會讓你更懂得謙卑。在她離開之前，我鼓起勇氣問她是否可以看看她的翅膀刺青，卡拉答應了我的要求。她的整個背部描畫著一對深富藝術氣息的翅膀，顏色完全正確！

卡拉當晚就離開了，事實證明卡拉沒瘋，而她也在此獲得了嶄新的生命，而這只是因為有人花了點時間證明她的經驗真實不虛而已。那天晚上，她告訴媽媽，說我告訴她許多她從未透露給任何人知道的事情，而我卻能夠「知道」。她非常興奮。

接下來的幾個月，卡拉身體恢復得很快，也比以前更強壯了。我聽她媽媽說，卡拉過得非常快樂，還交了男朋友！

這些個案顯示，確實有天使為了偉大的目標進入我們的現實中，卻在半途迷失本性了。我們現今的這個世界，還有許多孩童像卡拉一樣，迫切需要獲得某種認同。除了本章所描述的年輕天使外，在地球上還有不少「已成年」的天使，許多人安靜地住在人群之中，絕不輕易表明他們的身分，其中有些人成了老師、心靈導師及治療師，有些則以不可思議的完美人類形象出現。

當聖靈碰上天生就不完美的人類身體時（就如同在地球上的這些天使），連生存都成了問題。這些故事聽起來很像是精神出了問題，但我可以向讀者保證，這些孩子的神志都很正常，需要的只是強化與確認而已。

注釋

① 佩卓．皮奧（Padre Pio, 1887-1968）是義大利羅馬天主教聖方濟各會的教士，後被羅馬天主教會封為聖徒「皮特瑞希納的聖皮奧」（Saint Pio of Pietrelcina）。

② 作者在此用了雙關語「cosmic」（宇宙的，廣大的）來對應前句的「人間」。

③ 作者在此用了雙關語「blue」（藍色的、憂鬱的、沮喪的），因為刺青是藍色的。

第十二章

我們能幫上什麼忙？

我們不但不能把天賦異稟的孩子看成是怪胎或有缺陷，也不該只因爲他們不適用我們的認知標準而故意忽視他們。我們必須接受、栽培他們，並鼓勵他們把不凡的天賦與我們共享。

接受並栽培新小孩

我們的世界出現一些天賦異稟的人，並非新現象，不同之處在於普遍程度；有愈來愈多的成年人警覺到有更多、更偉大的現實存在，而且也有愈來愈多天資優異的小孩相繼出生，他們超越了現有文化與社會所認可的「正常」範圍。我們是偉大的種族，同源且同樣完美，但這些我們都忘記了。如果我們要讓這些小孩能夠為人類帶來貢獻，就必須去培養他們，這些天賦不凡的後代才能夠成長，擁有可以增進全體人類福祉的堅強、勇氣、智慧與個人力量。首先，我們必須能認出他們。

承認新小孩是真實的存在

為了要讓我們的世界產生奇妙且正面的變化，第一步就是要認同這些孩童的真實存在，必須先排除自我或無知的障礙。「新小孩」是更偉大現實的導師，我們能接受嗎？我們必須接受！第二，我們必須廣為散布這個訊息，讓它能傳達給地球上的主流人士知道，讓此現象不會受到地域的限制。到目前為止，已有一些書籍與電影談到「新小孩」，但都只是泛泛之談，不夠深入。這些孩子不是拿來展覽作秀或聳人聽聞的異類，他們是真實存在的人，有著真實的感情，只是剛好具有更為進化的高度覺知能力，對這個世界及其他未知的領域有令人驚奇的感知能力罷了。

我們不但不能把天賦異稟的孩子看成是怪胎或有缺陷，也不該只因為他們不適用我們的認知標準而故意忽視他們。我們必須接受、栽培他們，並鼓勵他們把不凡的天賦與我們共享。他們只是具有特別能力的孩子，不代表他們有何過錯；而現在情況卻恰恰相反，我多次碰見這類孩童，一下被父母拉去看這個醫生，一下又帶去見哪個心理醫生及各種專業人士，試著要讓他們回復「正常」。那些醫生都無法在這些孩子身上找到任何毛病，這些孩子在學校、人際關係及日常生活中仍有適應不良的問題。他們沒有錯，只是知道得比我們更多也記得更多，問題在於沒有人願意放下成見，聽他們說話。一個擁有多維知覺能力的小孩，是以區塊式與全息圖式的方式在思考，他無法長時間安靜地坐在椅子上。對他們來說，這根本不可能！

建立社會的知覺

所以，讓我們來找出一些解決方法，看看該如何對這些奇妙的孩童提供大量的愛與支持，讓他們能朝向本來要變成的樣子發展。

首先，我們必須「ACT」（行動）。這意指我們要欣然接受：

A：Awareness，知覺、體認

C：Communication，溝通、交流

T：Truth，真理、真實

我們必須要在家庭與學校中建立社會的知覺，沒錯，有些孩子是和別人不一樣，而那也滿好的。想想約翰．艾芙瑞特的媽媽，她送給孩子學校的校長及每位老師一人一本靛藍小孩的相關書籍，確保他們能夠了解她的兒子。同樣地，我們也不要害怕談論自己不了解的事情。在這個世界中，有許多我們並不了解的事正在發生，這些事本身都不是問題，問題出在「不作為」，以及「反正有別人會弄清楚」的態度。在此同時，有無數的孩童正在受到忽視，而他們卻可能擁有另一種智慧可以提供我們答案。放開來談這些事情吧！

首先，我們必須對孩子、家人、朋友，以及所有跟這些孩子生活有關的人說實話。在觀念上，不論我們的信仰是什麼，如果有天孩子告訴我們，他看見天使了，你應該確信祂就在那裡。如果孩子說話深奧難懂，或好像和我們有不同的看法，那就讓它去吧！如果孩子說他可以看到其他人，並一一指名道姓，情況很有可能正如他所說。如果孩子

突然變得沉默或生病，而無法找出原因時，也許是我們找錯了方向，原因或許出在他們沒有得到所需要的東西，或者家裡、學校所發生的事讓他們壓力沉重。如果孩子說他保有前世的記憶，也別急著反駁他們，而是問他們更多的細節，並與他們分享尚未消失的感覺與記憶。小孩無法編造出這樣的故事，尤其是當故事如此複雜時。

一旦我們說他們的感知、經驗與記憶都非事實時，我們是在教他們說謊。當他們要求我們解釋甚至連成年人都不了解的事情時，讓我們真實以對，盡最大的能力以最完善與真誠的態度來回答問題。讓我們滋養他們的心、靈魂、頭腦與身體；讓我們向他們展示，他們所感受與表達的愛並非白費工夫。

我們不能因為自己的不了解，而成為施展天賦才能的障礙，我們必須學會尊敬我們的孩子。還記得那個小女孩「天空」嗎？「天空」因為別人譏笑她，從此不再告訴別人她所知道的事情，這就是取笑一個美好而認真的小孩的結果。多麼可恥，也是多麼大的損失！讓我們承認吧，有某些非常重要的事正在這個世界裡發生。簡而言之，我們的孩童帶來了改變，他們想坦率地提供給我們各種可能性。

別把新小孩當成偶像

雖然「新小孩」的天賦通常令人難以理解，但他們並非寵物或奇觀，也不是馬戲團表演。他們是大幅進化的人類，帶著神聖的訊息——提醒我們是誰，以及我們將往何處去。把他們當成偶像來崇拜，除了會讓他們的自我意識渴望獲得注意之外，成就不了什麼。我們無法代替任何孩子而活，當孩子學會使用天賦來引人注意時，媒介變得比訊息更為重要，而真實會變得軟弱無力。

給予指導與章法

我碰到不少家裡有天賦優異孩童的家庭，全家的動力幾乎衰退到由孩子來掌控。在這種情況下，孩子的要求通常會愈來愈得寸進尺，甚至看不起父母及其他人，變得跋扈而失控。這些小孩知道這麼多，擁有超齡的智慧，因此父母親與其他人經常會把這些孩子當成偶像，放任自己的孩子毫無節制地支配自己。所以，這些孩子一開始像是這個世界的禮物，但一夕之間可能成了唯我獨尊的人，一心只追求別人注意的目光。讓這些孩子來主控大局，會讓這些小朋友尾大不掉，成長為一個既粗魯又自我中心的大人。那完全不是我們原來對他們的期望！

還記得尼可拉斯在〈前言〉裡寫了什麼嗎？

雖然我的心靈探索之旅，自追隨耶穌至遨遊亞特蘭提斯無所不包，看似無所不知，但同時也是天真而無知的。你瞧，我們這些「水晶小孩」與「星星小孩」看起來也許無所不能，但我們要求全世界都能靜心傾聽，了解我們的意圖，並且有最好的改變。

這些全是智慧之語，出自這些天賦不凡的孩童之一！對這些「新小孩」來說，天賦就是他們的現實與規範，然而社會卻指責我們的小孩，並將他們歸類為異類。尼可拉斯坦承，他們也許無所不知，但他們仍是孩子，為了完成他們本來的使命，還是需要指導與章法。我們必須提供某種章法與界限，讓他們可以知道要期待些什麼，並能從中學習如何在這個世界發揮作用。我們也必須以建設性的方法，鼓勵他們的天賦，與其告訴所有人你孩子曾經有過怎樣的一次奇妙經驗，或者曾說過什麼道理深奧的話，不如溫和且認真地問問孩子，他們對於這個話題是否還有任何深刻的洞察與理解。要你的孩子用言語說出自己的經驗，不曲意附會，也不要過度渲染。

這些孩子跟我們分享的某些洞見雖然深刻，但時日一久就很容易忘記，因此我強烈建議要把他們的言行記錄下來。以開放式的問答題來詢問他們的經驗，勝過「是」或「否」的是非題，但最重要的是，在他們回答時，要仔細傾聽。忙碌的生活步調，讓我們往往話只聽一半。真誠地問他們問題，並以同樣全心全意與尊敬的態度來回答他們的問題。

戲劇性事件通常伴隨著破壞性，而這會帶給家裡某種程度的混亂，我稱之為「戲劇性和傷痛」（drama and trauma），因為這兩者相伴相隨，缺一不可。當戲劇性高時，沒有任何人會傾聽，每個人都在忙著做反應；沒有一件事能搞清楚或解決，只會更加惡化，混亂支配了一切。為何不和孩子一起從一個成熟的觀點來看待這些情況呢？為何不能打破舊有的家庭模式，讓我們來治療自己可能與生帶來的機能障礙呢？為何不給我們有天賦的新世代一套健全的工具，讓他們可以用來帶領這個世界有效地改變呢？

要對自己誠實

如果我們想要給孩子所有可實現自己的機會，那身為父母、老師、照護者與朋友的我們，首先必須開始治療我們的身體、心智與靈魂，而先決條件是要做到誠實與正直。

如果無法對自己誠實，我們又如何能對其他人誠實，尤其是孩子？自我治療也必須深入審視自己，找出為什麼我們經常會陷入窠臼，且何以停留在那些使自己混亂的模式中？我們到底想要學習什麼？為何放任恐懼來控制我們？比如說，我們可能會發現自己反覆地陷進那種一再付出，卻讓某個人反過來利用我們的情勢中，此時我們的渴望受到漠視，而感情也受到了傷害。當我們只會「給予」，卻還未學會「接受」時，這通常代表著我們害怕遭到拒絕，或害怕被人討厭或害怕沒有人愛我們。我們的給予，只是確保自己將會受重視，但我們真正做的，只是掩蓋自己不夠好的恐懼而已。

正式承認這些行為模式，是邁向治療之路的第一步。一旦我們承認自己身陷這些模式中，並且了解到活在這些模式中只是個選項時，我們就能做出不同的選擇！我不相信為了療癒我們自己，我們就必須時時刻刻重活在過去充滿痛苦的經驗中；反之，如果我們願意弄清楚讓自己沉淪於這些情況的真相，幾乎立刻就能治好自己。當我們變得更堅強、更健康時，這時的力量與全然的健康就會傳承給我們的小孩。或許最重要的是，我們必須學習去承認自己已經很完整，我們必須記住所需要的一切都已在我們之中。我們是強而有力的人類，而那正是我們要向孩子展示的。

以誠實而開放的心態溝通

溝通至關緊要，但保持平衡的心態也很重要。雖然這些孩子的智慧遠超過他們的年齡，但他們依然不是這個世界的成年人。他們深奧的言行，很容易讓人忘記他們只是小孩子。另一方面，我們和「新小孩」談話時，也不能把他們當成不懂事的小嬰兒。事實上，依我的淺見，和小嬰孩伊伊呀呀地說著童言童語，好像他們沒有智慧似地，並不會幫助他們成長；事實上，這反而會延遲他們的進步。

傾聽「新小孩」

相反地，也有一些父母因為孩子的聰慧，而犯了強迫孩子表現的錯誤。遺憾的是，這些父母沿用舊規範的做法，已不再適用於這個世界，這些舊規範已經無法餵養許多人的心靈。我們無法代孩子而活，該是他們走出象牙塔並投身外面世界的時候了。我們必須讓這些孩子發揮他們的智慧來引導自己的旅程，他們真的知道自己在做什麼，我們必須以他們的成就為榮，事無大小，都要尊敬他們的感受與感知，了解這些感受都是出自於他們的內心。

「新小孩」要求誠實且開放的對話，我們不僅以話語交流，還要加上行動與精力。當這些孩子詮釋我們發出的訊息時，會將這所有一切都列入考慮。他們已經明確知道事實在哪裡，甚至在我們都還一無所知時。我們是否言行一致，還是說一套做一套？我們的身體語言對孩子說了哪些話？我們是否對他們眼對眼、心對心，誠實以對？或當我們匆忙來去時，隨便就將答案與要求丟給他們？溝通交流時，我們有全心全意嗎？還是因為忙著為生活奔波，只說了我們不得不說的話？我們真的聽進了這些孩子的話了嗎？還是擺出父母尊長的心態，自顧自忙著自己的事情？我們可曾注意到孩子眼中的神情，以及說話與姿勢上的細微差別嗎？他們真的想告訴我們的是什麼？

我們必須用心傾聽「新小孩」的話，因為他們發出的訊息對人類很重要。正如尼可拉斯所指出的，當他們這些孩子因為別人願意深度傾聽而受惠後，同時也能體驗到充分的放鬆。那不只是身體的放鬆，還包括內在靈魂的寧靜。當我們深入傾聽時，也等於在告訴這些小孩，不論事實為何，我們都以正面的態度鼓勵其天賦，徵詢其意見，以及開啟一個更開放的溝通管道。我們必須全程陪伴這些聰明的孩子，一步一步慢慢來，直到能完全與他們感同身受為止。

從心裡分享他們的生活

「新小孩」需要妥善栽培，栽培和寵溺有很大的差別。栽培小孩意指去支持、愛護他們，與他們真誠地溝通交流，並敞開心胸聆聽他們必須對我們說的話。這意味著要提供給他們的，不只是他們的基本需求而已，而是提供他們一些情緒、精神、頭腦與身體上的工具，好讓他們可以保持內在的平衡。這就表示我們的舊有模式已不再奏效；同時也表示誠實至上，以及在自己與孩子的生活中要自覺性地變得更有創意。但這並不表示我們要以小大人的方式來對待他們，只是要設身處地以自己想要被對待的方式來對待他們。栽培他們也不表示需要買所有流行的玩具給他們，或拿許多東西來填滿他們的生活，而是指從心裡分享他們的生活。

這些小孩比以往更需要指導。當孩子天賦優異時，給人的印象通常是他們足以應付所有事情。雖然他們很聰明，在某些情況下會仔細考慮後做決定，但他們還是孩子，尚未長大到可以在沒人指導的情況下做出影響其一生的決定。我們可以從旁提供一些說明、選項、資訊、指導與章法，我在一些大一點的孩子身上，曾經看過家庭功能最嚴重失調的例子，那就是在決策過程中父母完全讓孩子掌控全局，這種放任態度讓孩子常變得氣勢凌人及產生不確定感，做決定時也顯得猶豫不決，有時乾脆就完全不做任何決定，最後變得麻木且停滯不前。

我們可以一旁指導，幫助他們學習如何做出好的決定。例如，當孩子必須做出一個影響其一生的決定時，我們可以從旁協助他們探討各種決定的可能後果。在仔細談論過每個方案後，他們就會學到從各個角度來審視問題的方法。以後他們在面對抉擇時，就會懂得面面俱到，而不是圖一時高興而驟下決定。此一過程，也必須強調決策如何能影響他人或未來，而不是只從自己的立場設想。如此，孩子將會學習根據現有資訊，做出比較可能有好結果的決定。

當然我們所說的話、所做的事都要真誠，因為這些孩子都會知道。我反對戲劇性的誇張反應，因為這些孩子可以感知到所有一切，孩子若能擁有比較冷靜的溝通能力，大部分都很願意全面審視某個情況的所有面向，即使只有一半的機會。採取這種溝通模式的父母與照護者通常都會發現，到最後是這些孩子在教導他們！

打造舒服的家庭環境

如同我們先前談過的，「新小孩」對於環境極端敏感。這裡所說的「環境」，不僅與我們所呼吸的空氣品質、所佔據的土地與所飲用的水有關，也和住家與學校周遭的事物有關，事實上，就是指我們會去的所有地方。環境與美學有關，環境看起來的樣子與感覺，都與舒適程度息息相關。因為「新小孩」的能量場是由光的頻率所組成，而這些光頻的振動要比前幾個世代都高，在打造他們身處的環境時要特別用心，因為他們的「接收」及「感知」能力比我們強太多了。

選擇柔和的顏色

這些孩子的能量場比我們的皮膚還要敏感，他們真的能「感受」到顏色、光線、聲音，甚至形狀，就像我們真的觸摸到東西時的感受。對這些孩童來說，情況就像是有個人將他們感官的敏感度調大一樣，事實上，被提升的感知能力會從他們的身體往外擴展到好幾呎，就像天線一樣。這些極端敏感的孩子，當他們的能量場接觸到顏色、聲音、形狀或其他輸入的振動時，都會直接從內心深處感受這些輸入。如果環境令人不舒服，孩子常常會被過度刺激，並且出現一些症狀。雖然這些過敏症狀未必會表達在意識層面上，但孩子潛意識中的不舒服雖然說不出來，還是會造成一種痛苦「感受」，然後反應在他們的情緒及行為上。

這些孩子的情緒與舒適程度很容易被周遭的顏色所影響，柔和、討喜的顏色，例如淺色系列：藍色、粉紅色、綠色、藍綠色與薰衣草的淡紫色，都是一個安寧環境最理想的顏色。千萬別碰亮黃色與亮紅色，因為孩子處於鮮黃或鮮紅的環境中，容易變得焦慮、緊張或過動。這是因為顏色本身就是頻率，而頻率（就如能量一般）就是聲音與動作。顏色的能量與個人的能量系統互動，且實際上還改變了它們。偏暗色調的顏色，比如深褐色、深藍色、深綠色或深紫色，頻率比較低，對敏感的孩子來說可能會太過暗沉。這些沉重的暗色調，對敏感的小孩（或甚至一個成人）的感覺來說，就像是要把他們往下拖的重物。敏感的孩子若在暗色房間裡待太久，最後會顯現出憂鬱陰沉的徵兆，甚至有輕微至中等程度的沮喪。從美學觀點來說，嘗試居家或房間的色彩組合時，記得挑選頻率接近的顏色。例如，我們不該將深藍色與藍綠色、萊姆綠與紅色搭配在一起，彼此之間不容易協調的顏色混在一起會令人不舒服。

房間宜保持安靜與整齊

聽覺與視覺的輸入也極為重要。太多的聲音與（或）視野之內有太多東西，都會使得這些小孩感覺難受或負荷過大。電視、收音機、電視遊樂器的喧鬧聲，甚至是持續的說話聲，都可能會影響或擴大他們的負面行為，所以限制各種電器的音量與使用時間是個好主意。

雜亂的房間，或牆壁上貼滿海報與照片而沒有可以喘口氣的留白，同樣也會很擾人或造成過多的刺激，清爽乾淨的牆面能幫助孩子的性情比較沉穩。書架按尺寸大小依次排好，掛在牆上的照片要別具特色，而不是為了填塞空間；將單一色調的家具錯落有致地安排在房間裡，放置玩具與工藝品的空間要排放整齊（家用品賣場裡可以找到一些有抽屜及擱架的平價儲物櫃），這都是改變雜亂環境的好方法。因為「新小孩」是大自然的命運共同體，生氣盎然的盆栽或花園造景，甚至流動的噴泉或魚缸，都能建立一個舒服且令人寬心的環境。

基本的幾何圖形可增加房間的整體能量，而且效果令人驚訝。靈球體、金字塔（四面的）、方塊及八面體等，都是宇宙萬物存在的基本能量形式。所有人都有與生俱有的記憶，可以辨認出這些基本的形狀，並與它們起和諧共鳴。在視覺上，幾何形狀也比較容易保持整齊！

另一件要注意的事情是，電磁波會干擾這些小孩的能量場，導致一種不和諧的模式。電磁波的干擾可能來自各種電器用品，包括電視、電腦、電線、微波爐、電視遊樂器等。任何這些東西都會造成行為上的問題或消耗孩子的身體能量。

提供多元且具創意的活動

由於「新小孩」是採取區塊式思考，因此線性思考模式的活動往往無法長時間滿足他們的興趣。區塊式思考的小孩對於同時進行多重任務已經習以為常，所以「新小孩」會同時把注意力朝向多方發展，那是很自然的事；但這種情況，通常會被誤以為是注意力不集中。這些天資聰穎的孩童就像海綿一樣吸收周遭所有的一切，他們可在大腦裡進行天衣無縫的轉換。比如說，他們上一分鐘才談到自己的藝術計畫，下一分鐘就對多維現實侃侃而談；或者從寵物狗一下跳到量子力學，然後再跳回來。有時，對於不熟悉此一現象的父母或照護者來說，這可能會讓他們感到緊張不安！

同時提供多種活動

要應付這種行為的最好辦法是，同時提供多種活動的選擇，五種不同的活動最為理想。比如說，如果是一個小小孩，可以給他一本著色本與一盒彩色蠟筆；紙與顏料；寫有字母、數字或單字的閃現卡（flash cards）；一種像大富翁、棋戲之類的硬紙板遊戲；以及某種工藝品，這些都是很好的選擇。小孩對這些活動也很有興趣，可以寓教於樂。記得要常常變換這些活動，才能讓孩子保持興趣。

「新小孩」喜歡穿梭在各個房間，隨便把玩具亂放，所以玩遊戲時必須設定某種程度的基本規矩。首先，遊戲的活動空間要指定好，每個活動都應該在父母能接受的地方進行，比如在特定的某張桌子玩顏料。孩子可以隨意從一個活動轉換至另一項活動，但事後必須負責將活動空間整理乾淨，收拾整齊。這些方法應該可以讓經常必須跟在孩子屁股後面收拾東西的父母，不必再疲於奔命。如果家中不只一個小孩，這些方法也行得通，而且因為有多種活動可供選擇，還能幫小孩子學會彼此分享。讓小孩同時進行多項有趣又具創意的活動，可以滿足他們永無止盡的好奇心，並讓他們的高能量有個流動的出口。普遍來說，這些方法就能讓孩子沉穩下來，家裡也不會被孩子們鬧得永無寧日。

對星星小孩的父母來說，可以帶著孩子去參觀天文館或科學館，這是滿足他們科學嗜好的絕佳選擇。機械工具組合玩具、附有活動零件或馬達的模型、化學實驗組玩具（當然，這得有人一旁陪伴）、晶體生長套裝玩具、昆蟲農場、組合收音機工具組，任何具有科技價值的玩具都是給星星小孩的好選擇。當然，這些小孩一直都很喜歡看書！到公園、自然步道或動物園（兒童可與動物互動）走走，也是很棒的親子活動！

要求遵守規矩與章法

最要緊的是，必須有一套溫和但前後一致的規矩與章法，這對這些孩子來說很重要。他們需要知道自己可以期盼什麼，以及別人對他們的期望。如果這些孩子不知道成功看起來是什麼，他們就不會成功。如果對規則了解得不夠清楚，他們就無法遵守。對於所期待的事能先進行明確地溝通，以及前後一致地貫徹到底，非常必要。

一旦「新小孩」知道底限在哪裡，就會感到輕鬆自如，而為了要讓他們能夠符合預期，不吝讚美也很重要。同樣地，先別急著處罰，父母不如先和子女討論言行失檢的原因與理由，讓他們知道自己何以無法遵守規定。比如說，如果孩子在家裡不守規矩，你也許要先跟孩子談談，要他們解釋破壞規矩的理由，這會建立起良好的自覺能力。接著，你可以問孩子下次他要如何改變行為，才能做出不同的選擇。要確定你會給孩子時間思考，好讓他們能在深思熟慮後才回答！如此一來，孩子就可學習到如何做出正面且有效率的選擇。

最後，問問孩子是否從這次的情況中學到任何東西，並與孩子討論他的看法。我從不少個案中發現，孩子當時只是對於對或錯有自己的看法，並非有意傷害誰，所以彈性的處理方式與耐心非常重要。願意去傾聽孩子的說法及溝通定下的規矩，都是糾正行為的一部分。放任「新小孩」破壞規矩（在這件事上，任何孩子都一樣），對於家中的和諧毫無助益。讓孩子知道對錯後，他們通常會表現得比多數成年人正直多了。基本上，父母一定要願意去考慮孩子的觀點，他們的觀點有時會很令人驚喜，或引起更深刻的討論，以及開啟更全面的覺知能力。

建立相互溝通的聯結網絡

新小孩的父母難為，我與受訪的許多家庭談過，有不少人都感到孤立無援。他們有天賦驚人的孩子（這些孩子也許看似「正常」，也許不是），但卻沒有足夠的機會遇到類似情況的其他家庭。有些家庭因為孩子在心智或身體上迥異於常人，發現他們愈來愈形孤單。除了醫藥費的龐大支出之外，有些父母還得花上大量的心力來陪伴孩子，都讓財務情況可能更為吃緊，出外旅行也變得困難重重，甚至不可能。我所知道的類似家庭分散於全美各地，事實上是在全世界各地，他們覺得自己被社會隔離了，即使他們的孩子是人類最先進的典範。

我期盼看到網路上能有個專門的交流論壇，讓這些父母及孩子都能在這裡互通消息，也希望能有一些專門的活動及社交聚會，可以讓這些家庭與照護者齊聚一堂（現在有個特殊的網站 www.childrenofthenewearth.com，正依其鎖定的目標擴展中，還有讓父母及孩童透過線上交流的論壇）。或許我們還可發展出一個獎學金系統，為這些家庭籌募基金，讓他們可以外出參加這種形式的活動。那麼，父母、教師、孩子與其他人都可站上講台，將他們的故事與訊息與全世界一起分享。此外，還可舉辦年度或雙年度的年會，讓這些天賦異稟的小孩及贊助者、支持者能共聚一堂參與討論。

類似的做法當然是以大家都能負擔的方式進行，我最不樂見的情況是，一個以良好動機開始的討論會或聚會，最後卻虎頭蛇尾草草結束，場中只有專業人士在台上大放厥詞，而這些家庭卻只能趁著專題演講的休息時間在走廊上交談。互動愈是頻繁，每個人的收穫才會愈多，或許此一領域的「專家」們可以義務性參與，那我就是其中之一！另一個可能性，就是辦一個研習營，家長與子女可一起參加，彼此一起分享、學習，天賦非凡的小孩可以在此找到他們的同輩；我們還可規畫許多活動，好好啟動及鍛煉這些孩子的天賦。

網路上的聊天室或討論區是另一個簡單的解決辦法，懂電腦的父母、老師與照護者可以透過網路交流經驗。我最近在威斯康辛州的某個聊天室中，發現有個「新小孩」的團體聚在一起談論他們的天賦與覺知能力（孩子如果成天都在上網，必須多加督導，有些非常真實的掠奪者會監看或甚至參與孩子的聊天室）。這樣的聊天室，可以阻止天賦非凡的孩子被當成異類看待。「新小孩」到處都有，而且對人類的演化很重要，所以，我們必須為認知上的差異性保留一些彈性空間，並盡其所能地來協助他們。

食用營養的天然食品

我不是飲食專家，以下資訊來自訪談家長及專業人士所得，這些建議都很有助益，其中還包括美好的古老傳統常識。

我們的DNA關係（DNA relationships）一直在演進中，到最後將會完全改變，我們身體所接收的資訊種類也會隨之改變。要確保我們能符合「新小孩」對飲食的需求，最好的方法當然是根據他們個人的DNA來量身調配。當孩子的飲食是根據其DNA來規畫時，隨著他們能量場的進化，飲食也會跟著改變，如此他們才能攝取到最理想的食物與營養。你不妨想像一下，持續地演化，最高檔的營養！當然，此一科技尚未完全可行，而且一般而言尚無法提供給一般大眾。不過，總有一天一定能做到！

不食用便利食品

在混亂無序的世界中，我們似乎從來沒有足夠的時間從容面對所有事情。我們處處求方便，飲食也變得乏善可陳。我們許多人習慣倉促進食，也以同樣方式來餵養孩子。使用微波爐加熱的大量現成食品或便利食品，通常放了各種防腐劑，食物原味盡失。現在許多的天然食物已愈來愈普遍，雖然可能得多花一些錢，但對我們身體的好處卻是無價的。

新鮮蔬菜處理起來，並不會比罐頭食品麻煩太多，而且經過層層加工的包裝食品，許多營養素都流失了。不要認為擺在架上販賣的食物都一定安全無虞，或對我們的健康都有幫助。天花亂墜的行銷與宣傳手法，讓許多人誤以為真而吃下了對健康無益的食物，難道只要貼上「健康食品」的標籤，你就相信了嗎？

聽從「新小孩」的選擇

對孩子飲食上的需求，家長們應該謹慎判斷，如同嚴謹看待其他事情。「新小孩」通常很善於聆聽身體發出的訊息，而且似乎知道自己需要什麼。通常，只要有機會，在健康方面，他們都會做出令人驚訝的選擇。年紀愈小的「新小孩」，更要多加注意他們的飲食需求，聽聽他們的意見不失為一個好主意，比起你貪圖方便的做法，對他們更為有利。

「新小孩」的新陳代謝系統會要求他們的身體有不同的進食習慣，尤其是水晶小孩，他們需要少量多餐，而非一天三大餐。水晶小孩與部分的星星小孩（尤其是年紀尚小的星星小孩），食量就像小鳥一樣。這並不表示我們應該給他們一條胡蘿蔔，讓他們邊啃邊玩，而是表示我們應該思慮周全地為他們準備適合的餐食與點心（如果你認識或家中就有個天賦異稟的小孩，你可能已見識過一個對吃不感興趣的小孩所帶來的用餐大挑戰。這孩子會對食物百般挑剔，連動都不想動筷子。你可曾聽過孩子問你：「我還要再吃幾口呢？」）不過，有些孩子不想吃飯是因為太熱衷於遊戲了，但這不在我們談論的範圍。「新小孩」很敏感，所以或許我們應該想到，會不會是我們準備的食物無法跟他們引起共鳴，所以他們才會食不下嚥。

當孩子無法吃下對身體有益的東西，他們就無法以最理想的方式運作。「新小孩」尤其容易受到食物不良反應的傷害，就像所有東西一樣，食物也是能量，每種食物都有它自己的振動。我最近接到某個女性的電郵，她就對她姪女（是個水晶小孩）指定食物與飲料的能力大為嘆服。有一次，孩子的媽媽拿給她一杯綜合果汁，她仔細考慮之後，還是堅持選了一種不含某種水果的綜合果汁。這並非口味問題，而是她以某種方法知道她的身體需求。

還有一個例子。有個祖母帶著兩個孫子去食全（Whole Foods）超市，通常母親帶他們去時，幫他們買的都是垃圾食物，例如糖果、餅乾與其他零嘴。這次當祖母帶著兩個孩子在通道中來來回回時，她驚奇地發現，在她幾乎沒有指示的情況下，孩子選擇的都是新鮮食物，包括新鮮的蔬果、果汁、堅果等等。沒有人教育這些孩子如何選擇對身體有益的飲食，但如果由他們自己選擇，他們會做出明智的決定。品牌對孩子來說不具任何意義，顯而易見地，他們是聽從內心的指導來購物。

如果你的小孩或你認識的小孩，眼睛下面始終有黑眼圈，或者常有消化不良或其他症狀，例如缺乏活力等，或許要注意是否有食物過敏的問題。食物過敏會在體內製造毒素，慢慢就會衍生出一連串的毛病，嚴重程度不一。長時間下來，身體因為要消除毒素，可能會變得有壓力或負擔過重。此外，還要小心肉、蛋與牛奶等食物中可能會有殘留荷爾蒙或抗生素的問題，盡量多購買有機放養的動物性蛋白質產品。

不吃基因改造的食品

不要買基因改造的食品，當科學界在進行食物基因改造時，沒有詳加考慮此舉會改變人體消化及吸收這些食物的方式，如果持續攝取基因改造的食物，最後會改變我們體內細胞與不同分子之間的關係，也會建立不同的蛋白質關係，而這將會影響到身為生物有機體的我們如何消化及吸收食物與營養，也會影響身體的功能。這些改變將成為我們演化的一部分，如果繼續放任這種情形發展，到最後會影響到全部的食物鏈，造成植物、動物或甚至我們自己的突變。

保持身體的水分

我們的身體約有百分之八十是水，當我們燃燒卡路里以及能量流經身體時，許多水分都蒸發了。對我們來說，保持充足的水分很重要；而水晶小孩尤其需要大量液體，他們之中許多人似乎老是覺得口渴，因為他們的新陳代謝很快，也由於他們是能量的導管，會迅速燃燒攝取的液體。星星小孩也需要大量水分，但每次補充的間隔較長。除了喝水之外，水果或蔬菜汁、牛奶（選擇有機產品），以及適量的電解質運動飲料與其他的天然飲料，都是幫助孩子維持體內水分的好選擇。

少攝取糖分

糖對身體有害無益，因為即使是少量，也會刺激這些新小孩進入「高速運作」的狀態。糖分會暫時反轉體內神經系統的極性或充電，可以到達極細微的層面，會刺激體內細小的次原子微粒。由於此效果，我們會暫時覺得情緒高昂，接著就會覺得疲倦，因為身體必須超負荷工作以便消耗攝取的糖分。神經系統是體內的傳導系統，我們要特別注意，不要隨便增加其負荷。平時要避免購買精製過的白糖，盡量買粗糖代替，這種糖是淺褐色的大顆粒，對身體健康比較有好處。此外，還可以選購甜菊製成的代糖，甜菊是多年生草本植物，葉子可以提煉出白色的結晶粉末，是一種常見的食品添加物，在健康食品店可以找到液狀及粉狀兩種產品。

以新鮮蔬果製作零嘴

不要讓孩子吃垃圾食物，可以用蘋果與橘子等各種新鮮水果、天然水果做成的水果捲或其他類似的點心來代替。花生醬、芹菜、在小餅乾上塗上鮮油酪，或蔬菜搭配自製的蘸醬也很棒。只要花點心思與時間，就能讓孩童適應健康的零食。

食物的組合也很重要，我們的身體需要不同的酵素來消化不同的食物，消化肉類要一種酵素，水果是另一種，奶製品又是另一種。如果一起攝取了在消化上並不相容的食物時，就會造成消化不良，導致一連串的毛病，最常見的一種是體重增加。限制孩子飲食中碳水化合物的攝取量也是好主意，最好不要碰含有防腐劑的麵包；只要孩子不會對麩質或麥過敏，最好是吃全麥麵包。我還要強烈建議你避免使用部分氫化油，它們待在人體內的時間約是正常油脂的四倍，請使用對人類飲食有益的天然油脂產品，低脂食品未必對健康有益。

增加營養補充品

營養補充品對兒童也非常有幫助。常常有家長、老師及照護者告訴我，要維持「新小孩」的健康，就要強化他們的免疫系統。魚油裡含有豐富的多元不飽和脂肪酸，柑橘類水果富含維他命C（有助於淨化淋巴系統，並促進體內的電磁傳導性），維他命E、A、D與大蒜，還有富含礦物質的多種維他命都是很好的選擇。此外，深綠色的蔬菜（例如菠菜與甘藍）也對增進健康大有幫助，還具有防癌功效。

要提醒你的是，進行任何飲食或維他命療法之前，不要忘了先徵詢醫生的意見。我的最低要求是，請運用你的常識來觀察及判斷小孩的飲食成效，並盡量能符合他們對營養的需求。

第十三章 學校的解決之道

在他們眼裡，我成了隱形人，我相信他們可以感受到我深沉的意識，只是他們還沒有準備好。所以，他們不但未能傾聽我受傷的感受，還把我送去放牛班，我在那裡大聲吼出自己的痛苦。

——尼可拉斯．史遷士，九歲

學校體制的問題

除了家庭環境，影響「新小孩」生活最重要的一個場所就是學校。學校對兒童整體身心的成長、發展十分重要，但到目前為止，學校體系只滿足了兒童的心智，而不管他們的靈魂。日復一日，我們的學校環境一直在損耗這些努力想在這個環境中保持某種天賦的孩童，直到他們變得迷失或麻木為止。許多「新小孩」生病了，而這些病症似乎不是因為身體器官出了毛病（以下的觀察，也適用於一般孩子）。

刻板雜亂的環境

「新小孩」是如此敏感，因此公私立學校中刻板且經常雜亂無章的環境，常令他們覺得非常不舒服。對這些孩子來說，混亂確實讓他們難以忍受，教室裡頭的同學來自各種不同的背景，學習心態也各自不同，雜亂的能量導致他們在學校裡很難適應與成長。然而，這種典型的吵鬧與混亂只是問題之一，制式化與刻板的環境更讓問題雪上加霜。

對「新孩子」而言，冷硬的轉角、粗糙的表面以及太多的影音輸入，都像用指甲刮過黑板般令人難受。刺眼的日光燈，導致一些新小孩出現眼睛疼痛與頭痛等症狀；而電燈、電腦以及其他設備所逸出的電磁波，也慢慢消耗掉他們必要的能量。種種不良情形造成有些孩子不守規矩，或老師教學情緒不佳，也讓有些「新小孩」無法像一般學童一樣正常回應事情。

同樣是天賦異稟的小孩，但水晶小孩、星星小孩及過渡孩童的應付之道卻大異其趣。水晶小孩覺得成為核心分子也不錯，而且會想要「搞定」一切，好讓所有人都快樂，這對他們來說是個「大工程」！星星小孩大都會自得其樂，專注在書本或其他能引發知性興趣的事情上，他們會選擇忽視其他人（許多星星小孩會將他們的感覺深藏在心裡，長期來看，這可能會造成相當大的傷害）。至於過渡孩童，他們若不是想出與眾不同的奇妙點子，就是以讓人幾乎無法接受的方式來引起別人注意；有些過渡孩童，則會完全朝負面行為發展。

學校體系已漸漸失控、教職員不足、預算不夠，甚至老師也無法實現當初的教育理想。此外，學童來自不同家庭、文化與社經背景，同質性高的學童自然就會結黨成派（大部分的教職員也是如此），雖然強調的是有教無類，但成效往往不如預期。當我們的小孩在面對這些看來無法超越的挑戰並試圖生存下來時，他們的想法就會開始變得陰暗，並且會出現暴力行為。這一切到了最後，就會教育出一群粗魯不文且不學無術的人，不僅缺乏文化素養，對於世界的主要議題也漠不關心，變成了由政客與媒體操縱及餵養的一群綿羊。我們一直被迫接受這些端到面前來的信念與他人的理念，而這使得我們的世界逐漸分崩離析，在暴力、戰爭與文化衰退等狀態中漸行漸遠。

這些弊病的源頭就是學校。現在該是進行重大變革的時候了，該是培養我們的兒童以及改變「若天下歸一則全體受惠」這種想法的時候了。當我們開始以新的（且更有助益的）環境來培育現在的孩童，並欣然接受不同的教學方法時，我們會在孩子的眼中看到社會意識的反映。這些孩童將會變成強大的個體，而他們會將力量與天賦用在他們所做的一切事情上。

學校驅逐「新小孩」

關於有特殊需求的兒童被要求離開學校的消息，早已不是新聞。顯然，要讓這些與眾不同的孩子「融入主流」，現行的教育制度仍然缺乏技巧與訓練。這種情形不但適用於身體殘障的孩子，也包括其他更多在意識層面上表現出微妙差異的孩子，其中有些在本書已簡單描述過。當這些不同的孩子未能受到適當培育時，不僅會傷害孩子，也會傷害到他們的家人、社區與未來的人類世代。主要的問題是，目前公立學校（甚至包括私立學校）的環境與辦學態度，無法照顧到這些可愛、敏感又天賦優秀的孩子。

我最近聽說，在喬治亞州的一所公立學校，有個年約六歲的小女孩因為使用直覺天賦在操場上幫人看手相而被學校開除，罪名是女巫。這是個具有優異天賦的水晶小孩！你沒聽錯，在二十一世紀的美利堅合眾國，人們還是對她的「特殊」感到害怕！這是我最近聽到被趕出學校的第二個新孩子，第一個孩子因為某個類似情況而被停學三天。

在一個經費不足、師資不夠與學生人數太多的學校裡，我們要如何處理這些事情？要解釋學校之所以需要改變，最好的方法就是聽聽這些特殊孩子的親身經歷：

在我所就讀的一間特殊學校裡，我被當成隱形人看待，這未必跟我的身體、我的水晶小孩特點有關。媽咪每天都開車送我到學校，一路上我聽著美麗動聽的歌曲，心情很振奮，但是當我走進學校後，這些情緒很快就不見了。

在他們眼裡，我成了隱形人，我相信他們可以感受到我深沉的意識，只是他們還沒有準備好。所以，他們不但未能傾聽我受傷的感受，還把我送去放牛班，我在那裡大聲吼出自己的痛苦。我心想，只要他們願意，就能傾聽，如果他們肯花一點點時間來聽聽看全部的我，就不會要求（我）把自己分割得零零碎碎的。當我們未能被視爲一個整體對待時，我們有部分被毀滅了，這使得全部的我變得支離破碎，而這就是我們未來會走上的道路。

我相信學校問題可以在適當的時機做出許多審慎的決定，當聖靈主導一切，又有水晶小孩家人的支持之下，透過謹慎的觀察和深入的傾聽後，我們就會獲得放鬆。這是聖靈的覺醒，是知道自己被傾聽的宇宙，是每個水晶小孩以喜樂回應並與聖靈一起慶祝的共同創作。我必須強調，深入傾聽是宇宙萬有得以放鬆的鎖鑰。

帶來光明與愛的使者

尼可拉斯．史遷士，九歲

尼可拉斯說到他有部分被毀了，這讓我深受打擊。他揭示了典型水晶小孩的觀點，那就是所有的人事物都是一個偉大整體的一部分；當他們受到漠視時，他們所體現的「一」（完整性）就會受到破壞，他們內心因而非常痛苦。日復一日，究竟有多少孩子有同樣的感受？那些不像尼可拉斯如此善於表現的人，要和誰來分享他們的感覺？許多這樣的孩子變得沉默、垂頭喪氣，得過且過地一天捱過一天。

以在家自學來補救

為了不讓情況繼續惡化，有幾位注意到這些事情的家長便自己接下了教育重擔，開始在家裡教育自己的孩子。在家自學能彈性地規畫課程，讓孩子在一個舒服的環境及步調下學習，有些出色的孩子不需要太長的學習時間，因此在家自學反而容易成功。其他需要更多關注與協助的人，同樣也可以透過在家自學的方式各取所需，而且不會被冠上學習成績不良的污名。

創意的自學方式

有些家庭發揮創意，規畫出很不錯的在家自學方式，他們正在帶動一股風氣。在我確實知道的幾個成功例子中，最出色的學習成果，是那些針對孩子特性來規畫教育方式的家庭。以此方式培養出來的孩子，不僅適應良好，而且表現相當出色。當然，這些父母並不是只教孩子感興趣的科目（可能是音樂、藝術或科學），他們也為了能幫孩子追求興趣，而想出許多饒富創意的方法。

例如，獨奏或合奏的音樂課程；藝廊、科學館等戶外教學之旅，或者親子一起參加孩子會感興趣的活動等。有一對在堪薩斯州開農場的父母，他們特別開墾了一塊地，讓孩子種上一大片的向日葵，當成教學活動的一部分，這處花海美極了，也成了當地的風景名勝。這個金髮藍眼的漂亮女孩，一向喜愛向日葵，在她看著自己的計畫付諸實現時，也學會了農場經營的一些步驟。女孩也養了一群小牛，她親自用奶瓶餵食及照顧牠們，她還會演奏五種不同的樂器。她說起話來，就像個無所不知的權威，因為她的父母一直鼓勵她勇敢表達自己的感覺與想法。其他家庭也見賢思齊，大家集思廣益地規畫出一套套面面俱到的完美課程，讓孩子能接受一個全面性的教育。

學習社交

考慮在家自學時，必須謹記的一件事是不要自我封閉。有些在家自學的個案，會讓孩子（甚至整個家庭）與社會及人際關係愈來愈疏離。找機會與其他兒童及大人互動，可以讓孩子實地學到社交技巧，也是學習處理情緒的一個重要過程。為了解決這個問題，不少鄰近地區的家庭成立了臨時聯盟，讓在家自學的小孩可以聚在一起進行校外教學或一起參與其他活動；有些地方還組成了男、女童軍團。在這樣的團體中，活動規模相對都比較小，因此彼此之間的關係會更緊密，相處的經驗也比較正面。總之，種種情況看起來，在家自學到目前為止都運作得相當好。

改善公私立學校的環境

在公私立學校中，改變環境與每日的例行課程，都會在孩童的學習經驗及行為上造成很大的影響。正如我們所知，「新小孩」對環境及其他人的感受與行動都非常敏感。因此我們要改變的第一件事，就是重新打造學習環境。

試著回想一下，當我們到學校時，它在我們眼中是什麼樣子？它帶給我們的感受又是如何？學校的圍牆是綠色或灰色？地板是否既冷又硬？建築物是否吶喊著「預算低」、「管理嚴格」？我們覺得學校環境缺乏親切感嗎？原因是什麼？是否因為某些特定的環境「語彙」，包括不容妥協的規矩、不能動搖的權威，以及形之在外的羞辱。學校會讓你覺得不夠乾淨嗎？油漆斑駁、照明太亮，還是家具老舊又不舒服？此外，你是否注意到學校裡到處都是尖銳的角度，沒有多少動植物，常常會讓你覺得空蕩蕩的，了無生氣；而且環境沉悶，無法激起創造力，但在視覺與聽覺等層次上卻又過分刺激，這真的很矛盾。

想像一下我們的孩子，不論是否天資優異，當他們一個個被安排坐在又硬又不舒服的椅子上時，他們的感受是如何？我們每個人都有最適合自己的空間安排，但這些學童卻只能乖乖坐在制式化的教室裡，被訓練到一聽到下課鈴響，不管手邊的事是否告一段落，就會馬上想逃離此一空間。

調整燈光與電磁波

讓我們先從教室環境開始談起。首先是照明設備，最好的採光是間接且自然的光線，那就不會像日光燈一樣散發出強力且範圍廣泛的電磁波。電磁波的射出物對我們一般人多少都會有影響，但「新小孩」所感受到的電磁波卻像觸手可及的能量場，它們會闖入並干擾他們的身體，使他們感覺如同生病一般。

電磁波會干擾我們能量場內粒子的校準，使體內與周遭能量的關係隨之改變，這對兒童通常有十分負面的影響。水晶小孩受電磁波的影響最大，他們之中有許多人因為刺眼的教室照明，而飽受疲勞與頭痛之苦。其他的電器，例如電腦、顯示器，也會對人類的能量場造成傷害，對於小孩的健康影響尤甚。要減少教室裡頭的電磁波，可以將舊型的電腦顯示器全面更換為新型的平面顯示器。經測量，平面顯示器所造成的電磁波污染要小得多（外洩的電磁波可用手持探測儀來測量）。

減少視覺與聽覺的負荷

影響這些兒童的注意力及舒適感的另一個重要因素，我稱之為「視覺與聽覺的超載負荷」。這種「感覺受創」（sensory insult）是因為視覺或聽覺太過雜亂所引起，例如有限的空間中擺了太多東西，或噪音太多讓人難以忍受等。有個比喻：有人把電視開得很大聲，當聲音大到我們無法忍受時，我們就會要求降低音量，當然每個人忍受噪音的程度都不一樣。在學校裡，教室內外難免都會有吵鬧聲，即使教室裡很安靜，也會被窗外的喧鬧聲音所干擾，這些令人分心的聲音都會影響大部分兒童的注意力。在一個正常運作中的公共機構，有太多東西都需要降低音量。

有效簡化環境中與視覺、聽覺有關的事物，會增加所有兒童的舒適感。只要重新布置教室內外的物品，就可輕易達到此目的。我們可將所有書籍與教學用具依序擺在櫃子裡或書架上，並盡可能都安裝上門板，這樣不僅能遮住凌亂的區域，還可將原本參差不齊的擺置轉化成一個平滑的表面。

許多學校都會在牆壁或走廊上四處張貼照片、學生的作業或創作，我的建議是這些雜亂無章的布置最好都能回復原狀，並將這些展示限定在學校幾個特定的區域，例如闢設一個「才藝廳」或設計出一道「夢想之牆」，不也很好嗎？老師可以定期帶學童參觀這些展示區，這樣一來，學童就不會每天都要被迫面對這些，還可用正面的態度與別人分享創作的心得。至於在聽覺上，我們可以播放不會重複的自然背景音樂，來幫助建立一種安靜與和諧的氛圍，音樂聲還能蓋過一些比較小的聽覺干擾。

改變教室的顏色

要打造一個適合學習的安靜環境時，顏色也很重要。糟糕的是，多數學校都是使用千篇一律的灰色或綠色。正如我先前所說，顏色也是一種能量，也有頻率，而這些頻率會影響我們的情緒，甚至表現。

想要打造一個充滿正面能量的環境，明亮的顏色必不可少。顏色的組合可以有效改變空間的樣子與感覺，柔和的粉色系，例如淡黃色、紫色、紫羅蘭色、藍色、玫瑰色、粉紅色與綠色（鼠尾草或草綠色也同樣有效）都是好選擇。由各種不同暖色系構成的褐色色調如果成為教室主色調，會形成一種暗沉陰鬱的感覺，因此切勿採用，除非你的目的是為了要讓這些孩子好好睡一覺！同樣地，也不要使用暗色或太強烈的顏色，例如深藍色或紅色。

桌椅安排更人性化

建立好適當的顏色氛圍後，還可利用其他方面增加正面能量。首先，盡量減少尖銳的角落或角度，最理想的教室形狀是完全沒有任何角度的圓形。這樣打造出來的柔和環境更貼近神聖幾何（這些形狀是創造天地萬物的藍圖）。以幾何形狀來布置教室，可以讓教室更為清爽及井然有序。

在我們的內心深處，對於幾何圖形有種天生的辨識力，而這些形狀可對每個人產生有趣且正面的效果。其中最有幫助的圖形是所謂的「柏拉圖多面體」（Platonic solids）[1]，這些都是宇宙萬物最基本的形狀：靈球體、金字塔、方塊與立方體。這些形狀看起來賞心悅目，也可幫助學習。

如前所述，教室的桌椅都採制式化的擺置，我們應該打破窠臼，使座次安排更為人性化。我們可以利用桌椅的安排，將學童區分為幾個小團體。如果班上同學不多，可以圍成一個大圓圈，如此則不會產生優劣及偏袒的爭議，大家一律平等。老師也是這個新團體的一員，老師的座位可以擺在圓圈裡或在圓心位置。

如此安排所帶來的訊息是：每個人都一樣重要。此外，學童也可以看見彼此，更容易拉近距離，親密互動，也不會有人因為位置不好而分心。這樣的圓形安排，更容易把成績相近的學生安排在一起，或將各有所長的學童混合編組，讓他們的能力能夠互補有無。在這樣的情形下，學童學會在競爭中合作，在相互挑戰中成長。他們從彼此的互動中建立自尊心，並發展出忠誠、友誼、責任與溝通交流等生存之道。

對於以區塊式方式思考的小孩，圓形還有其他好處。圍成圓圈對於討論問題更有幫助，以時鐘來比喻這種安排：坐在十二點鐘位置的孩子起頭敘述他們的意見，以及對於此一問題的理解；接著下一個孩子（坐在兩點鐘位置）必須找到這個問題的另一個觀點，如此依次輪下來，最後再讓孩子進行討論，得出一個思慮周詳的解決方法或答案。

接觸自然

「新小孩」對於身處的環境與大自然都有很高的覺知能力，因此在教室裡放一些充滿生氣的動植物會讓他們感覺更為舒服。水族箱就是個簡單又有效的裝飾，也可由學童決定要養哪些小動物，甚至製造機會，讓他們帶寵物來學校都是可行的做法，這會替師生營造出一個有趣又平和的互動氣氛。以小噴泉形式出現的流動的水，可以淨化教室裡的能量，還能帶來自然悅耳的背景聲音，有效柔化周遭的嚴肅氣氛。

另一個有助於學童發展出平穩及正面態度的好方法，就是找個好天氣帶全班到戶外去。可以請孩子帶塊墊子或毯子，並讓他們脫下鞋襪（如果他們已大到會自己穿回去的話），光著腳感受地面的青草。鼓勵他們閉上眼睛感受徐徐和風，而在放鬆幾分鐘後，讓他們坐在自己的墊子或毯子上，開始接下來的課程。過程中，可以讓孩子做些類似太極的動作來伸展身子，或隨意地舞動，孩子的注意力與能量層都會活躍起來。這些運動可以在一開始就做，或在午餐過後動動身子，以趕走飯後的瞌睡蟲。花點心思，學校也能很好玩！

少一點硬性規定，多一點舒適

學校總免不了有許多嚴格的規定，其中包括校規、班規，還有按時完成作業的期限，這一切對許多力求表現的小孩造成了莫大的壓力。以區塊方式思考的「新小孩」，雖然有足夠的能力可以同時從事多項活動及分擔多項任務，但與其強迫他們以線性方式來思考，不如建立一種可同時進行多種活動的輪子系統（Wheel System）來輔導他們，成效反而更大。

在約定好的那一天，分配給學童各種不同主題的作業，每項主題的材料分別放在某個特定區域的小亭子裡面。每個主題都需要寫報告，例如寫讀後心得或詮釋一個故事等。要先設定好一些基本規則，但完成作業的次序由學童自己決定。他們可能一次就準備兩種以上的題目，但在輪子系統中，每項任務在沒有完成到指定的程度之前，輪子無法前進到下一步，重點是孩子不會在一天之內就做完相當一周份量的數學，他們雖然有規定的進度要完成，但仍可自由選擇一個自己覺得舒服的作業步調。

採用輪子系統的學校立刻就發現，許多以前看來有注意力缺失症或過動兒症狀的孩子，在這種教學方式中表現得比其他學童優秀。只要這些孩子能夠完成當天或當周的進度，他們就有機會持續下去，至於那些進度比較慢的人也不用承受要和別人競爭的壓力，只要公正執行，競爭可以是個絕佳的學習工具。不過，不論何時，公然拿孩子來做比較都不好。每個孩子都不同，當然我們每個人的心中都有一些主觀想法與好惡，不過還是不要拿孩子來比較，因為這會導致他們質疑或懷疑自己的正當性，到後來會產成自我價值的認同問題。

歡迎開放的溝通交流

溝通是我們能提供給這些特殊孩童最偉大的資產之一。他們在學校裡，大多數時候都是「聽命行事」：要做什麼、何時去做，卻很少有人跟他們解釋原因，也沒有人告訴他們將會發生何事，所以他們也不知道該期盼些什麼。一個知道會發生何事的孩子，通常會比那些毫不知情的孩子多了一些安全感。情況不明會帶來壓力，但透過清楚與前後一致的溝通，就能輕易避開這些壓力。

幾乎每間教室，都有一兩個小孩會突然做出破壞性的行為，收場通常是當場處罰或中斥了事，然後就事過境遷，大家照常過日子。然而，對於親眼看到事件發生或本身就是當事人的學童來說，問題並沒有解決。

最近我很高興地聽說，有間私立學校每天另外安排了一段時間，讓學童之間可以進行開放式的討論。這段時間被視為「安全區」，學童可以對教師、同學公開說出自己的真實感受，不用害怕會遭到斥責或反彈。學童們可以暢所欲言，說出心中的話，或說出跟其他學童相處的感受。當然，此一論壇會在教職員的督導與鼓勵下進行，還有一些必要的底限規定，以便讓對話能具有正面及建設性意義。學校的管理階層也發現，在他們開放這個很棒的討論會後，孩童們在學校覺得自在多了，而且普遍來說，也比以前容易溝通了。

許多會「先做再說」的孩童，可能是想引人注意，或僅是因為無聊，或本身有無法在學校、家裡公開討論與解決的問題。在一個比較正面的環境中，有破壞行為的小孩會知道自己的行為無法讓其他孩童接受，他也會聽到有關自己的正面評價（這也是規則的一部分）。因此，直接將問題挑明來說，並不會強化他們的負面行為，還會讓他們從關心的人那裡知道改變行為並不難，不用奮戰掙扎就能產生正面結果。

一般來說，支持「新小孩」只需要有良好的常識、努力的意願以及貫徹到底的決心。如果我們有遠見，家庭、學校及社會都能提供給我們的孩子所需要的東西，那麼我們將能培養出擁有高覺知能力、天賦異稟的新一代人類，他們可以讓這個世界達到前所未有的團結狀態，以及帶來空前的偉大成就。

注釋

①「柏拉圖多面體」（Platonic solids）是指每面均由全等的正多邊形所組成的多面體，且要求每個頂點的組態一致，如此組成的多面體是「凸」的正多面體，有四面體、六面體、正八面體、正十二面體、正二十面體等五種。

第十四章

接下來是什麼？

在這些快速推進的演化之下，我們會走到那裡去？接著會發生什麼事？首先，如果我們不排斥、不抗拒那終將會到來的人類轉化，學會擁抱那些變化，並讓它們開枝散葉，發展成宇宙提供給我們的無限可能性，我們就會逐漸發現，我們所在的這個世界前途無可限量。我們還會體認到，自己的天賦在無限的層次中同時覺醒。我們當中有些人已能對這些變化坦然以對，如果我們有勇氣、意願及有目的地參與自身的演化，並不吝給予孩子與我們自己朝向正面改變的力量，那麼所有人類的意識將能大幅提升。

水晶小孩的能量場已經開始發亮，它們會融入由柔和色彩組成的彩虹中，最後變成一道純白色的光。當這些變化發生時，演化的進程將會獲得新動能。很快地，我們就會見證到一個不同的人種嶄露頭角，他將會記起他的本源，人類就會擁有無盡的歷史與無限的未來。我們將以令人興奮的新方法來體驗對現實的感受，並承認自己、他人與所有事物都是完整的。

當時光推移，會有愈來愈多來自宇宙的「新小孩」站上他們的位置，成為在社會、政治與科技方面改變這世界的領袖，他們的大課題將會包括擁抱完美及無條件的包容，還要讓所有人因而受惠。很快地，大約在十二年之間，在地球與其他地方會有另一批小孩出生，他們已完全能理解無窮的時間，並攜帶著從遠古到未來的完整記憶，而其中許多人會來到我們這個世界。他們會把所有記憶與淵博的知識應用在他們所接觸的所有人身上，以及因為他們的出現而帶來光輝的所有地方。

「新小孩」來到我們的世界，帶來我們目前還無法推估的禮物。他們是白光之子，帶著來自萬物起源處一種完全平衡的光譜，其中包括所有和諧完美的頻率。這些孩子的能量場會盤旋上升，時時刻刻都在不斷地重新創造自己。即使在他們牙牙學語之前，就已是卓越的心靈感應大師、神入者（empath）①、療癒者及精神導師，他們光是現身，就能永遠改變周遭人們的生命。白光之子會全然地接受自己的天賦，並以直覺運用且毫不猶豫。他們將是充滿魅力的生物，是走出廣闊現實的智者，並以超越時代的大師面貌進入我們這個世界。如果我們能打開自己的心，並記得我們俱為一體，且愛始終存在，他們就會帶來更偉大存在的例子給我們看，並展示此世界一直以來的樣貌以及可以預期的未來。

首先，我們必須對目前的「新小孩」付出關心。當我們透過這些小孩繼續進化時，我們必須採取行動來改變環境、學校、家庭與關係。我們必須抱持彈性的態度，有這些孩子在，任何事都可能發生！「新小孩」現在很需要我們，當我們學習如何支持他們時，我們也在這個過程裡支持我們自己，並為下一波神奇的未來世代做好準備。

正如我親愛的朋友尼可拉斯所說，我們必須深入傾聽我們的孩子，那些新世代的人類。時猶未晚，現在正是開始的好時機。敞開心胸真誠地迎接他們，這是我們能為未來人類所做的最好貢獻！

注釋

① 神入者（empath）通常是指能以心靈感應能力接觸他人感情的人，與能感應他人思維的心靈感應者有異曲同工之妙。

附錄

宇宙新小孩的更多資訊

以下所列的網站、書籍與影片，可以查到更多關於宇宙新小孩的資訊。要特別聲明的是，這些不是本書作者的推薦名單，因為作者並未逐一審視或閱讀過每個條目的資訊。其中大部分是由宇宙新小孩的父母、老師與一起工作過的專業人士所提供。想進一步了解這些小孩的訊息，可以查詢這些網站、書籍及影片，但請斟酌使用這些資訊。

靛藍小孩的相關網站

★ www.indigochild.com

★ www.artakiane.com/home.htm（這是天才與靈魂小畫家Akiane的網站）

★ www.greatdreams.com/indigochild.htm

★ www.indigochild.net/a_homeframe.htm（這是國際網站）

★ www.childrenofthenewearth.com
（這是該雜誌的網站，提供有關撫養靛藍小孩與水晶小孩的相關資訊）

★ www.indigochildren.meetup.com
（提供各地區靛藍小孩家庭與孩童團體的資訊）

★ www.experiencefestival.com/indigo_children（提供其他資源的鏈結）

★ www.starchild.co.za/articles.html
（提供許多關於靛藍小孩、水晶小孩的論文與網站）

水晶小孩的相關網站

- ★ www.spiritlite.com（本書作者的網站）
- ★ www.childrenofthenewearth.com
- ★ www.nicholas.citymax.com/indigo_nicholas（尼可拉斯的網站）
- ★ www.thecrystalchildren.com
- ★ web.mac.com/Lorrins World（洛琳的網站）
- ★ www.lightworker.com/beacons/101502AwakeningCrystalChildren
（Steve Rother的通靈網站；內容也刊登於*Sedona Journal of Emergence*期刊）
- ★ www.metagifted.org/topics/metagifted/crystalChildren
（提供一般訊息，可聯結其他網站）
- ★ www.experiencefestival.com/Crystal_Children（可連接其他來源）
- ★ www.enchantedlearning.com/Home
- ★ www.learnnc.org/index.nsf
- ★ www.ket.org/cgi-plex/watchseries.pl?&id=AJONO
- ★ www.learner.org/jnorth
- ★ www.childrenofthenewearth.com/infoforteachers/index
- ★ www.theindigoevolution.com
- ★ www.cosmikids.org
- ★ www.childrenlights.com
- ★ www.planetlightworker.com

延伸閱讀

★ Nancy L. Morse, *Attention-Deficit Disorder: Natural Alternatives to Drug Therapy*（Natural Health Guide）

★ Nina Anderson and Howard Peiper, *ADD: The Natural Approach.*
（也發行有聲書）

★ Samue A. Berne, *Without Ritalin: A Natural Approach to ADD.*

★ Skye Weintraub, *Natural Treatments for ADD and Hyperactivity.*

★ Barbara Mazzarella, *Bach Flower Remedies for Children: A Parents' Guide.*

★ Lila Devi, *The Essential Flower Essence Handbook.*
（介紹如何使用花的香精來平衡情緒，以及激勵孩童與青少年）

★ P. M. H. Atwater, *Beyond the Indigo Children: The New Children and the Coming of the Fifth World.*

★ Lee Carroll and Jan Tober, *Indigo Children.*

★ Lee Carroll, *Indigo Celebration.*

★ Mary Mayesky, *Creative Activities for Young Children.*

★ Tobin Hart, Ph.D., *The Secret Spiritual World of Children.*

★ Mary Sheedy Kurcinka, *Raising Your Spirited Child: A Guide for Parents Whose Child is More Intense, Sensitive, Perceptive, Persistent, and Energetic.*

★ James F. Twyman, *Raising Psychic Children: Messages from "Thomas".*

★ James F. Twyman, *Emissary of Love.*
（可造訪他的網站www.emissaryoflight.com，或寫電郵至james@emissarybooks.com）

童書

★ Gerald McDermott, *Full Moon Stories—Thirteen Native American Legends by Eagle Walking Turtle Arrow: A Pueblo Indian Tale.*

★ Michael DeMunn, *Places of Power.*
（教導宗教場所的神聖與兒童本身的神聖性）

★ Joseph Bruchac, *Native Plant Stories.*
（「傾聽植物」與接受它們的「治療」）

★ Four Worlds Development Project, *The Sacred Tree.*
（教導「四方」〔Four Directions〕的天賦）

★ Neale Donald Walsh, *The Little Soul and the Sun.*
（教導兒童他們自己眞正的靈魂本源）

★ Edward Hays, *SunDancer Speaks of Life, Death and Freedom: We are the Generators of the Myths, Stories and Legends of a Future Age.*

★ Trina Paulus, *Hope for the Flowers: A Tale Partly About Life, Partly About Revolution and Lots of Hope for Adults and Others (Including Caterpillars Who Can Read).*

★ Dennis L. Olson, *Special Gifts: In Search of Love and Honor.*
（造物主向動物尋求忠告的迷人故事）

★ William J. Bennett, *The Children's Book of Virtues.*

★ Laurel Savoie and Emery Bear, *Children of The Sun: A Spiritual Journey Using Story and Songs.*（附CD）

影片

★ James F. Twyman, Stephen Simon, Kent Romney and Doreen *Virtue, The Indigo Evolution.*

其他有用的鏈結

★ www.healingarts.org/children/holmes.htm#exam

（Amy S. Holmes醫生的網站，提供自閉症的治療選擇）

★ www.cem.msu.edu/~cem181h/projects/97/mercury/#anchor233568

（Andrew Volz, Jake Weaver與Dean Shooltz的網站，討論有關人腦水銀中毒的情形）

★ www.academy.d20.co.edu/kadets/lundberg/dna（顯示人體DNA照片）

★ articles.news.aol.com/news/article.（提供DNA營養學的更多資料）

★ www.drboylan.com.（Richard Boylan的網站；同時也可在www.drboylan.com/strkidsigns看到星星小孩的四十二項特徵）

藍光系列 BC1005
來自宇宙的新小孩 The Children of Now

作　　者　梅格・布萊克本・洛塞（Meg Blackburn Losey, Msc.D., Ph.D.）
譯　　者　劉永毅
特約編輯　莊雪珠
封面設計　黃聖文
美術編輯　舞陽美術文化事業有限公司

發 行 人　蘇拾平
總 編 輯　于芝峰
副總編輯　田哲榮
主　　編　田哲榮
業　　務　王綬晨、邱紹溢
行銷企劃　陳詩婷
出　　版　橡實文化 ACORN Publishing
10544臺北市松山區復興北路333號11樓之4
電話：02-2718-2001 傳真：02-2719-1308
網址：www.acornbooks.com.tw
E-mail信箱：acorn@andbooks.com.tw
發　　行　大雁出版基地
10544臺北市松山區復興北路333號11樓之4
電話：02-2718-2001 傳真：02-2718-1258
讀者傳真服務：02-2718-1258
讀者服務信箱：andbooks@andbooks.com.tw
劃撥帳號：19983379；戶名：大雁文化事業股份有限公司

初版一刷　2009年1月
初版17刷　2020年12月
I S B N　978-986-84748-5-7
定　　價　280元

國家圖書館出版品預行編目資料

來自宇宙的新小孩／梅格・布萊克本・洛塞（Meg Blackburn Losey）著：劉永毅譯. --台北市：橡實文化，大雁文化出版：大雁文化發行，2009.01
288面：15×21公分
譯自：The Children of Now：Crystalline Children, Indigo Children . Star Kids, Angels on Earth, and the Phenomenon of Transitional Children
ISBN 978-986-84748-5-7（平裝）

1. 超心理學 2. 心靈學 3. 兒童
175.9 97025146